Roland Krawulsky

WITTENBERG

Ein Führer durch die Lutherstadt

Schmidt BUCH

SPIEL-KONST

Inhalt

Geschichte

Unter Albrecht dem Bären, dem großen Askanier, beginnt Wittenbergs Geschichte. Albrecht, von Kaiser Lothar III. als Markgraf der Altmark eingesetzt, eroberte von den Slawen 1157 das Gebiet des späteren Brandenburg und ließ von dort aus seine Truppen nach Süden vorrücken. Burgwarde schützten das Territorium und wurden zu Stützpunkten bei der Missionierung der Slawen. In das Gebiet zog es vor allem flandrische Kolonisten.

Der Ortsname Wittenberg hat so auch niederdeutschen Ursprung, wenngleich der „Weiße Berg" bis heute höchstens mit dem hellen Sand des Elbeurstromtals zu deuten wäre. Die verbliebene slawische Bevölkerung muss recht groß gewesen sein, denn noch 1327 wurde allgemein verboten, in der Stadt wendisch zu sprechen.

Die Zeit der Askanier

1180 fand Wittenberg als Burgward-Hauptort im Gau Ciervisti (Zerbst) erstmals Erwähnung. Zu dieser Zeit regierte Bernhard, ein Sohn Albrechts des Bären. Von Kaiser Friedrich I. Barbarossa wurde Bernhard mit der sächsischen Herzogswürde belehnt. Nach seinem Tod im Jahre 1212 spalteten sich die Askanier in die Linien Anhalt und Sachsen, dem späteren Sachsen-Wittenberg. Siebenundzwanzig askanische Fürsten herrschten mehr oder weniger erfolgreich rund 250 Jahre lang von Wittenberg aus.

Die Kreuzung zweier Handelsstraßen und die Schifffahrt auf der Elbe boten günstige Voraussetzungen für eine Stadtgründung, die unter Herzog Albrecht II. 1293 vollzogen wurde, nachdem bereits Albrecht I. die Burg zu seiner Residenz gewählt hatte. Die Askanier bauten Wittenberg planmäßig auf einem Grundriss aus, dessen Konturen noch im heutigen Stadtbild erkennbar sind.

Bereits zwischen 1260 und 1273 entstand im Norden das Franziskanerkloster, das zur Grablege der herzoglichen Familie bestimmt wurde. Als später die Klosterkirche entweiht wurde, schrieb Philipp Melanchthon die Inschriften der fürstlichen Grabdenkmäler nieder und sorgte dafür, dass die bedeutendsten Stücke in die Schlosskirche kamen.

Wegen treuer Dienste gegen die Bayern belohnte 1355 Kaiser Karl IV. den askanischen Herzog Rudolf I. mit der sächsischen Kurwürde. Damit wurde Wittenberg Zentrum eines von insgesamt sieben Kurfürstentümern des Deutschen Reiches.

Das Allerheiligenstift an der Burgkapelle ist seit 1346 nachweisbar, gegründet von Kunigunde, der Gemahlin Rudolfs I. Dieser hatte aus Frankreich einen angeblich echten Dorn aus der Krone Christi mitgebracht und legte mit diesem spektakulären Schaustück den Grundstock für die später beträchtliche Reliquiensammlung zu Wittenberg.

Eine Stadtmauer wurde erstmals 1332 genannt. Sie muss mindestens elf Türme besessen haben. Durch drei Tore gelangte man in die Stadt: im Westen durch das Coswiger Tor, auch Schlosstor genannt, im Süden durch das Elbtor und im Osten durch das Elstertor. Die alte Stadtgrenze umschloss den Grundriss eines rechtwinkligen Dreiecks von ungefähr 15 Hektar Fläche. Die 1 400 Meter lange Grundlinie dieses Dreiecks verlief am Abbruch einer flachen Schotterterrasse des hochwasserfreien Elbufers. Um 1540 sollte am Ende der Juristengasse, im Auslauf einer Nord-Süd-Achse zum Marktplatz, ein viertes Stadttor entstehen, was dann aus verteidigungstechnischen Gründen unterblieb.

Die ständigen Geldnöte ihrer Landesherren wussten die selbstbewussten Wittenberger geschickt für ihre Zwecke zu nutzen. Nach und nach erwarben sie fast alle städtischen Rechte, was ein wirtschaftliches Aufblühen der Stadt bewirkte. Neben dem eigenen Münzrecht besaßen sie das Stapelrecht für Getreide, Wein, Holz, Heringe und andere Waren. Zudem betrieben sie freie Schifffahrt und freien Kornhandel auf der Elbe. Gegen die Zahlung von 1000 rheinischen Gulden trat der inzwischen herrschende wettinische Kurfürst sogar die hohe Gerichtsbarkeit ab, wenngleich er sich einen Rückkauf vorbehielt.

Mit dem Tod Albrechts III., der bezeichnenderweise den Beinamen „der Arme“ führte, starben die askanischen Herzöge aus. Kaiser Sigismund übertrug am 6. Januar 1423 dem Markgrafen von Meißen und Thüringen Friedrich dem Streitbaren die sächsische Herzogswürde sowie das Kurfürstentum. Die Zentren der wettinischen Macht lagen viel weiter südlich als Wittenberg, längs der Linie Dresden-Meißen-Torgau-Leipzig-Weißenfels-Weimar-Gotha.

1485 kam es zur Teilung der Gebiete, wodurch Herzog Albrecht das albertinische Ostsachsen mit Dresden als Residenz- und Leipzig als Universitätsstadt erhielt. Den anderen Teil beherrschten die Ernestiner. Nach dem Ableben seines Vaters Ernst richtete sich Friedrich III. („der Weise") als Kurfürst im abgelegenen Wittenberg ein. Ob Zufall oder nicht, nun jedenfalls konnte jenes Glanzkapitel in Wittenbergs Geschichte beginnen, von dem die Stadt noch heute ihre Ausstrahlung bezieht.

Die Epoche der großen Namen

Der Rechtsgelehrte und spätere Professor in Wittenberg Christoph Scheurl urteilte über Friedrich den Weisen, er sei unter den Fürsten der Gebildetste und unter den Gebildeten ein Fürst. Und in Abwandlung

Martin Luther auf dem Reichstag zu Worms (Gemälde im Lutherhaus)

dessen, was über Kaiser Augustus in Bezug auf Rom gesagt wurde, sprach er davon, dass Friedrich den Ort Wittenberg, welcher an der Grenze zur Zivilisation liege, in eine „Stein"stadt verwandelt habe. 1489, drei Jahre nach seinem Amtsantritt, ließ der Kurfürst das alte Askanierschloss abbrechen und plante den Bau einer Renaissanceanlage in vier Flügeln, von denen jedoch nur drei gebaut wurden. 1503 erfolgte die Weihe der Schlosskirche, bei deren Ausgestaltung Albrecht Dürer mitwirkte. Schon früh hatte Friedrich das außergewöhnliche Talent des „Malers Albrecht" entdeckt und sich von ihm 1496 – ein zweites Mal dann 1524 – porträtieren lassen. Der Renaissancefürst vergab Aufträge an die Werkstatt Riemenschneiders und nahm schließlich Lucas Cranach d. Ä. als Hofmaler in seinen Dienst.

Unter Friedrich dem Weisen wurde die Stadt weiter befestigt und die schon 1455 erwähnte Elbbrücke durch einen Neubau ersetzt. Und es war Friedrich, der 1502, zunächst ohne Einwilligung des Papstes, die erste landesfürstliche Universität Deutschlands in direkter Konkurrenz zu Leipzig gründete. Bei aller Aufgeschlossenheit war der Kurfürst zutiefst religiös gestimmt. Seine Reliquiensammlung hatte den Ruf, eine der größten des Reiches zu sein. Das von Lucas Cranach d. Ä. illustrierte „Wittenberger Heiltumsbuch" (1509) gibt eine genaue Beschreibung der bis dahin gesammelten Heiligengegenstände. Elf Jahre später war der Bestand auf über 19 000 Partikel angewachsen; das bedeutete fast zwei Millionen Jahre Erlass des Fegefeuers.

Es mag heute paradox anmuten, dass gerade jener Fürst, der sich durch solcherlei Anhäufungen des ewigen Heils zu versichern suchte, zum Wegbereiter des Mannes wurde, der in eben dieser Praxis den Ansatzpunkt seines Aufbegehrens fand: Martin Luther. Schon seine ersten Vorlesungen zeigten, wie sehr er sich von der mittelalterlichen Scholastik entfernt hatte. Nur das biblisch belegte Wort Gottes gelte; der Mittlerdienst der Kirche sei Tand (wertlos). Mit seinen 95 Thesen schuf Luther schließlich die Grundlage für die Reformation in Deutschland und in vielen Ländern Europas. 1518 wurde der erst einundzwanzigjährige Magister Philipp Melanchthon, Neffe des bekannten Humanisten Johannes Reuchlin, Professor in Wittenberg. Bereits in seiner Antrittsvorlesung „über die Notwendigkeit der Verbesserung des Universitätsunterrichts" verkündete er Bildungsziel und Bildungsprogramm des Humanismus und begründete somit seinen Ruf als „Praeceptor Germaniae" (Lehrer Deutschlands).

Hochburg der Schwarzen Kunst

Die junge Universität ermöglichte bereits zwischen 1503 und 1508 die Arbeit von drei Druckereien. In der Folgezeit sollte sich Wittenberg zu einem wichtigen Druck-

Die zweite deutsche Bibelgesamtausgabe, gedruckt von Hans Lufft 1541 in Wittenberg

und Verlagsort entwickeln. Bis zum Ende des 16. Jahrhunderts erhöhte sich die Zahl der Betriebe im Druckgewerbe auf 30. Allein während der Zeitspanne von 1518 bis 1523 erschienen 600 Drucke, zum Teil in sehr hohen Auflagen. Das Gewerbe prägten berühmte Persönlichkeiten wie Melchior Lotter und Hans Lufft. Aus der ursprünglich kurfürstlichen Schlossbibliothek wuchs die Universitätsbibliothek heran.

Im Mittelalter war Wittenberg eine Fachwerkstadt. Über die kümmerlichen, aus Lehm gebauten und meist lediglich mit Stroh gedeckten Häuser klagte nicht nur Philipp Melanchthon. Auch Luther nannte sie eine „Schindleiche". Erst allmählich wurde aus der „Torf- und Lehmstadt" eine „Steinstadt". Durch die Gründung der Universität änderte sich auch das Stadtbild. Der Bau von Unterkünften für Studenten war unabdingbar geworden. Bereits bei der Eröffnung der Universität hatte die knapp 2 500 Einwohner zählende Stadt 416 Studenten. So entstand auf der bis dahin unbebauten Fläche zwischen Collegien- und Mittelstraße eine schmale Häuserzeile. 1530 bis 1540 wurde die „Buden"reihe westlich der Stadtkirche nach und nach durch feste Häuser ersetzt. Im Zuge dessen entstanden zwei Plätze: der Markt und der Kirchplatz. Der Tod Friedrichs des Weisen (1525) beendete die positive Entwicklung Wittenbergs. Johann der Beständige, der sich die Regierungsgeschäfte mit seinem Bruder geteilt hatte, regierte die folgenden sieben Jahre allein.

Kriegerische Zeiten

Im Schmalkaldischen Krieg von 1546/47 ging es um den Bestand der Reformation. Die Truppen Kaiser Karls V. standen den im Schmalkaldischen Bund vereinigten protestantischen Fürsten und Reichsstädten gegenüber. In Wittenberg riss man die Turmhelme von Stadt- und Schlosskirche herunter, um auf den so entstandenen Plateaus Kanonen aufstellen zu können. Da aber die Kurfürstin den herannahenden kaiserlichen Truppen die Stadttore öffnen ließ, kam es zu keinen schweren Verwüstungen. Die Schlacht bei Mühlberg an der Elbe, unweit Wittenbergs, brachte die Entscheidung. Johann Friedrich (der „Großmütige") geriet in kaiserliche Gefangenschaft und musste den Verlust der Kurwürde sowie großer Ländereien hinnehmen.

Bereits vorher hatte das „Haupt des Protestantismus" damit begonnen, seine Residenz nach Torgau zu verlegen und sich im dortigen Schloss einzurichten. Johann Friedrich war es auch, der das Torgauer Schloss durch die Cranach-Werkstatt ausmalen ließ. Obwohl er einen großen Teil der Universitätsbibliothek nach Jena bringen ließ, um sie für den Aufbau der thüringischen Universität zu nutzen, konnte der Studienbetrieb in Wittenberg aufrechterhalten werden. Die Zahl der Immatrikulationen stieg sogar: 1550 gab es 578, zehn Jahre später 645 und im Jahre 1570 dann 746 neue Studenten – fast doppelt so viele wie in Leipzig. Deutlich zurück ging das Interesse erst im 18. Jahrhundert. Und 1811, wenige Jahre vor Schließung der „Leucorea", erfolgten nur noch 130 Immatrikulationen.

Johann Friedrichs albertinischer Vetter Moritz regierte das Wittenberger Land vom weit entfernten Dresden aus. Im Dreißigjährigen Krieg weitgehend verschont, wurde Wittenberg jedoch im Siebenjährigen Krieg vernichtend getroffen. Am 30. August 1756 hatten die Preußen die Stadt besetzt und sie beinahe die gesamte Kriegszeit über in der Hand gehalten. Einem Bombardement durch die Reichsarmee fiel dann am 13. Oktober 1760 fast der ganze Westteil der Stadt mit Schlosskirche und Vorschloss, den einstigen Kurien der Stiftsherren, dem ehemaligen Franziskanerkloster und dem Juristenkolleg – insgesamt ein Drittel der Stadt – zum Opfer. 132 Bürgerhäuser waren zerstört und außerdem die Mehrzahl der Häuser in den Vorstädten.

In der Werkssiedlung Piesteritz

Im Oktober 1806 und noch einmal 1813 rückte französisches Militär in die Stadt ein und baute sie zu einer starken Festung aus. Erneutes schweres Bombardement – diesmal durch die Preußen – dauerte vom 25. bis 28. September 1813 und verursachte großen Schaden in der Stadt und am Schloss. Am 13. Januar 1814 schließlich eroberten preußische Truppen Wittenberg im Sturm. Sachsen musste im Ergebnis des Wiener Kongresses wegen seines Bündnisses mit Napoleon die nördlichen Landesteile (mit Wittenberg) an Preußen abgeben.

Mit der Verlagerung des Universitätsbetriebes nach Halle sank Wittenberg auf den Status einer Provinzstadt, in der ab 1812 ungefähr 8 000 Menschen lebten. Die Stadt erhielt das traurige Antlitz einer preußischen Festung. Aus einstigen Universitätsbauten wurden Kasernen. Das streng reglementierte Leben in dieser Garnisionsstadt behinderte lange Zeit deren wirtschaftliche Entwicklung.

Eisenbahn und Industrialisierung

1841 erfolgte der Anschluss an das Netz der Berlin-Anhaltischen Bahn; 1859 stand die Verbindung nach Halle, wofür eine Eisenbahnbrücke über die Elbe errichtet werden musste. 1875 konnte man bis Magdeburg bzw. Schlesien reisen. Vier Jahre später war der neue Elbhafen fertiggestellt. Die Niederlegung der Befestigungsanlagen, darunter auch des Elb- und des Elstertores, in der Zeit von 1873 bis 1886 ermöglichte eine allmähliche Industrialisierung. Wittenbergs Einwohnerzahl wuchs von knapp 12 000 im Jahre 1871 auf über 23 000 im Jahre 1913.

Im Vorort Piesteritz entstand 1915 ein Stickstoffwerk. Das Deutsche Reich wollte sich bei dem für die Sprengstoffproduktion

Martin-Luther-Gymnasium nach Entwürfen von Friedensreich Hundertwasser

benötigten Salpeter vom Weltmarkt unabhängig machen, mitten im Ersten Weltkrieg. Später wurde das Werk größter Arbeitgeber der Region. Zwischen 1916 und 1919 war in Piesteritz eine der bemerkenswertesten Werkssiedlungen in Deutschland entstanden. Über 1 000 Menschen fanden eine Heimat im neuen Industriegebiet.

Die inzwischen unter Denkmalschutz stehende Anlage wurde Mitte der 1990er Jahre saniert. Die Reihen- und Mehrfamilienhäuser sowie die kommunalen Bauten sind einheitlich ockerfarben bzw. beige. Das Gebäude des Lucas-Cranach-Gymnasiums sowie die katholische Kirche „Zur heiligen Familie“ (geweiht am 10. Mai 1923, sieben Jahre nach dem Bau des Stickstoffwerkes) bilden sehenswerte soziale Komponenten. Die herausragende denkmalpflegerische Leistung wurde 1999 mit dem Bauherrenpreis gewürdigt.

Reformationsgeschichtliches Erbe

Mitte des 19. Jahrhunderts begann eine stärkere Aufarbeitung des reformationsgeschichtlichen Erbes. Auf dem ersten evangelischen Kirchentag 1848 rief Johann Hinrich Wichern in der Wittenberger Schlosskirche zur Gründung der Inneren Mission auf.

In der Stadt des großen Reformators gründete man 1918 die Luthergesellschaft und 1922 den Deutschen Evangelischen Kirchenbund. Bereits 1821 war das Denkmal Martin Luthers auf dem Marktplatz enthüllt worden. Mit der festlichen Eröffnung des reformationsgeschichtlichen Museums Lutherhalle (1883) und der Einweihung der renovierten Schlosskirche (1892) wurden die Bemühungen fortgesetzt, den Gedenkstätten der Reformation wieder ein würdevolles Gepräge zu verleihen. Seit 1922 trägt die Stadt den Doppelnamen „Lutherstadt Wittenberg“.

Im Zweiten Weltkrieg musste die Stadt kaum Zerstörungen hinnehmen, erhielt jedoch Probleme durch den enormen Zustrom von Flüchtlingen. Bewahrung und Pflege der historischen Bausubstanz stießen in der Folgezeit immer wieder an Grenzen. Jubiläen der Reformatoren gaben Anlass für denkmalpflegerisches Wirken. Zum Höhepunkt wurde die Luther-Ehrung im Jahre 1983. Die damals vorgenommene Neugestaltung der Expositionen in der Lutherhalle rief große Resonanz hervor.

Nachdem bereits im gleichen Jahr im Lutherhof ein Schwert zu einer Pflugschar umgeschmiedet wurde, entwickelte sich der Kreis um den Wittenberger Pfarrer Friedrich Schorlemmer zu einem Auslöser der Friedensbewegung. Im Herbst 1989 fanden in beiden evangelischen Kirchen der Stadt die „Gebete um Frieden“ statt.

Bildungstraditionen

Heute ist Wittenberg Verwaltungssitz eines ausgedehnten Landkreises, der im Norden das Gebiet des Hohen Flämings berührt und im Süden bis in die Dübener Heide hineinreicht. Durch die jüngste Verwaltungsreform kamen im Westen die kleinen Städte Coswig/Anhalt, Wörlitz und Oranienbaum dazu. In der heute knapp 50 000 Einwohner zählenden Lutherstadt vollziehen sich viele bauliche Veränderungen.

Alte Bildungstraditionen wurden mit dem Landtagsbeschluss vom 1. April 1994 belebt, die „Leucorea“ als „Stiftung des öffentlichen Rechts an der Martin-Luther-Universität“ ins Leben zu rufen. Am 16. April 1996 konnte am Ort des ehemaligen Fridericianum ein Lehrgebäude feierlich eröffnet werden. Ein Hörsaal, Seminarräume und eine Bibliothek mit Platz für mehr als 60 000 Bücher waren der Grundstock für die Wiederaufnahme des Wittenberger Lehr- und Forschungsbetriebes. Der zunächst letzte Bauabschnitt (Südflügel) wurde im Sommer 1998 fertiggestellt.

Nach Entwürfen des österreichischen Künstlers Friedensreich Hundertwasser wurde das Martin-Luther-Gymnasium umgebaut. Die Plattenbauschule vom Typ „Erfurt“ war nach zwanzig Jahren Nutzung sanierungsreif, weshalb die Gymnasiasten im Kunstunterricht 1993 Ideen für ein neues Erscheinungsbild in der bunten Formen- und Bildersprache des Künstlers entwickelten. Mit einem Brief nach Wien gewannen die Wittenberger die Unterstützung Hundertwassers. Dieser sprach von einer „... bewaldeten, bewandelbaren Dachlandschaft, wo die Vielfalt der Spontanvegetation sich mit der Kreativität der Menschen trifft, wo Kinderseelen sich entfalten können, wie die Blätter der Bäume des Waldes, der auf dem eigenen Dach wächst.“

In der verspielten, bizarren und zugleich anregenden Bildungsstätte mit europäischen Bildungs- und Erziehungsmaßstäben setzen sich heute Schülerinnen und Schüler mit ökologischen Zusammenhängen auseinander und entfalten ihre künstlerische Kreativität.

Im Welterbe-Land

Der Landstrich zwischen Wittenberg und Dessau zeigt auf nur etwa 40 Kilometer Länge eine außergewöhnliche Dichte an natürlichen und kulturellen Schätzen. Gleich viermal vergab die UNESCO das Prädikat „Welterbe“ hierher. Die zauberhaften Landschaftsgärten in und um Dessau (mit Wörlitz als besonderem Kleinod), die Inkunabeln der Moderne – Bauhaus und Bauhausbauten in Dessau – sowie die Luthergedenkstätten in Wittenberg sind eingebettet in die ebenfalls geschützten Auenwälder und -wiesen der Flusslandschaft Mittlere Elbe.

Rechts: Lutherdenkmal von Johann Gottfried Schadow (Statue) und Karl Friedrich Schinkel (Sockel, Baldachin)

Chagall
Pechstein
Picasso
Dix
Beckmann
u.a.

Augusteum und Lutherhof

Als repräsentative Schaufassade zeigt sich der Ostgiebel des Collegium Augusteum. Längs der Collegienstraße reihten sich die Gebäude der einst berühmten „Leucorea", der Wittenberger Universität, aneinander. Das Augusteum ist ein Erweiterungsbau, den der namenstiftende Kurfürst August I. von Sachsen in Auftrag gab.

1564 hatten Luthers Erben das dahinter liegende Augustinerkloster der Universität übereignet, die es als Alumnat (Wohnheim) für ihre Stipendienempfänger nutzte. Den nördlich davon gelegenen Trakt entwarf der kurfürstliche Baumeister Hans Irmisch wohl um das Jahr 1571; gebaut wurde von 1580 bis 1582. Nach baulichen Nachbesserungen 1597 gelangte im Jahr darauf die Universitätsbibliothek aus dem Schloss hierher, in den Ostteil des Erdgeschosses. 1678 umfasste sie 13 000 Bände. Der wegen einer Bildergalerie sächsischer Kurfürsten, der Schirmherren der Universität, sogenannte Fürstensaal nahm 1789 die Ponickausche Bibliotheksstiftung mit 11 000 Büchern und zahlreichen Schriften auf. In den Westteil des Gebäudes zog 1686 das Anatomische Theater. Die Nachbarräume beherbergten ab 1736 das Museum Anatomicum mit der berühmten Präparatensammlung, die König August III. der Universität geschenkt hatte (1802 in den Schlosskirchenturm verlegt).

Ab 1817, nach der Vereinigung der Universitäten Wittenberg und Halle, zog in die verwaisten Räume das Predigerseminar der evangelischen Kirche – eine der ältesten postgradualen Ausbildungsstätten. Ende des 19. Jahrhunderts wurden Bibliothek und Fürstensaal grundlegend umgebaut. Den aufwendigen Ostgiebel entwarf Franz Schwechten im Jahre 1900.

Der Durchgang zum Lutherhof stimmt auf den Besuch des reformationsgeschichtlichen Museums Lutherhaus ein. Auf den mächtigen Deckenbalken stehen ornamental verzierte Zitate des großen Reformators. „Ich hab einmal des Papstes Dekret allhier zu Wittenberg verbrannt und ich wollt's noch einmal verbrennen", heißt es mit dem Bezug auf die Bannandrohungsbulle. An anderer Stelle stimmt Luther hoffnungsvoll: „Niemand lasse den Glauben daran fahren, dass Gott an ihm eine große Tat will". Von der Durchgangshalle des Augusteums betritt man den Lutherhof. Die eindrucksvolle Nordfassade des Lutherhauses stammt aus der Mitte des 19. Jahrhunderts, als sich der königlich-preußische Oberbaurat Friedrich August Stüler um einen repräsentativen Zustand des geschichtsträchtigen Gebäudes kümmerte.

Die freie Fläche diente einst als Obst- und Gemüsegarten, den Luthers Frau Katharina bewirtschaftete, um den Lebensunterhalt der Familie sicherzustellen. Rechter Hand erblickt man einen Wittenberger Röhrwasserbrunnen, der hier allerdings nicht seinen originalen Platz besetzt. Eine erste Röhrwasserleitung hatte Kurfürst Johann Friedrich der Großmütige 1543 anlegen lassen. Vom fünf Kilometer entfernten Teucheler Wald wurde das Wasser bis zum Schloss und zur Universität herangeführt. Zu diesem Zweck verlegte man durchbohrte Holzstämme, die an ihren Enden mit Eisenmuffen versehen und somit ineinander zu stecken waren. 1556 folgte die zweite von insgesamt vier Leitungen, das „Alte Jungfernröhrwasser", gebaut auf Initiative prominenter Bürger wie Lucas Cranach und Hans Lufft. Insgesamt 22 Haushalte in der Collegienstraße, darunter der von Melanchthon und der Familie Luther, wurden mitversorgt.

Lange Zeit nach dem Verkauf des Lutherschen Anwesens wurde auf dem Hof ein Botanischer Garten angelegt, der zunächst von 1615 bis 1668 bestand, in der Folgezeit immer wieder hergerichtet wurde und letztendlich mit den großzügigen Veränderungen Stülers verschwand. Die rechte (westliche) Seite des Lutherhofes bilden bis zur Hälfte ehemalige Studentenunterkünfte aus der Bauphase des Augusteums. Der restliche Teil wurde erst 1883 errichtet, um so das Ensemble harmonisch abzuschließen.

Das Lutherhaus beherbergt das reformationsgeschichtliche Museum

Das Lutherhaus

„Frater Martinus Lüder" kam 1507 als noch unbekannter Mönch nach Wittenberg und wohnte im Augustinerkloster, das wegen der Farbe der Mönchskutten auch das „Schwarze Kloster" hieß. Dieses 1504 bis 1508 errichtete Gebäude war unscheinbarer als das heutige. Aus den Reihen der Mönche besetzte Friedrich der Weise die Lehrstellen seiner neu gegründeten Universität. Während im Obergeschoss die Mönchszellen eingerichtet waren, nutzte man das mittlere Geschoss für den Lehrbetrieb. Im Erdgeschoss wurde gemeinsam gespeist.

Am 10. Januar 1522 kam es zum Bildersturm in der Klosterkirche. Ein Zeitzeuge berichtet: Magister Gabriel „hat mit etlichen Mönchen ein Feuer im Augustinerkloster-Hof gemacht, ist in die Kirche mit ihnen gegangen, hat die hölzernen Altaria bis auf den Grund abgebrochen, dieselbigen mit ... Kruzifixen, Fahnen, Kerzen, Leuchtern etc. allemal dem Feuer zu getragen, darein geworfen und verbrannt ...". Im Jahr darauf verließen die Mönche das Kloster; Luther blieb. Neue Bedeutung erhielt das Schwarze Kloster, als sich der Reformator am 13. Juni 1525 darin mit Katharina von Bora verlobte. Noch am gleichen Tag wurde das Paar von Stadtpfarrer Johann Bugenhagen getraut und bezog das Klostergebäude als Wohnsitz. Eigentum Luthers wurde es allerdings erst 1532, als es ihm Johann der Beständige überschrieb, sich jedoch das Rückkaufsrecht vorbehielt.

Nach dem Tod der Eltern verkauften Luthers Kinder das Gebäude an die Universität, die es vor allem als Wohnraum für Bedienstete und Studenten, aber auch als Kolleg nutzte. In der Folgezeit wurde jedoch wenig für Bauerhalt und Sanierung getan. Be-

Ofen (1602) in der Lutherstube

suchern zeigte man den Großen Hörsaal und die Lutherstube. Letztgenannte wurde schon 1655 ausdrücklich als „Museum Lutheri" bezeichnet. Zar Peter der Große hinterließ bei seinem Wittenberger Aufenthalt im Jahre 1712 das noch heute unter Glas gezeigte Monogramm. Ein 1783 angelegtes Gästebuch war allerdings 1817 noch längst nicht gefüllt. Zweimal – 1760 und 1813 – diente das Lutherhaus als Lazarett.

Friedrich August Stüler, Meisterschüler Schinkels, versetzte während der Zeitspanne von 1844 bis 1877 das Gebäude in einen repräsentativen Zustand. Beide Hausgiebel – der westliche war 1848 eingestürzt – wurden mit neugotischen Verzierungen neu aufgeführt und der Große Hörsaal einfühlsam neu gestaltet. Um das Projekt „Reformationshalle" voranzubringen, erwarb der preußische König die „Luther-Erinnerungssammlung" des bereits verstorbenen Halberstädter Oberdompredigers Christian Friedrich Augustin, unter anderem 6 826 Graphiken und etwa 1 200 Lutherdrucke. Im Mai 1883 gelangten 3 000 Drucke aus der Karl-Knaake-Bibliothek nach Wittenberg, wo am 13. September des gleichen Jahres anlässlich des 400. Geburtstages des Reformators das Museum „Lutherhalle" durch den preußischen Kronprinzen festlich eingeweiht wurde.

Wittenberg, zu dieser Zeit von Merseburg aus regiert, erhielt vom dortigen Regierungspräsidenten Wolf Heinrich von Gersdorf große Unterstützung. Unter von Gersdorf, der sein Amt ab 1910 innehatte, begann ein systematisches Sammeln. In Julius Jordan bekam die Lutherhalle einen agilen Konservator. 1916 konnten neue Ausstellungsräume eröffnet werden.

Im Jahre 1940 wurde aus dem Tonnengewölbe im Keller ein Luftschutzbunker. 40 Jahre später schloss man die gesamte Einrichtung, um umfangreiche Rekonstruktionsarbeiten durchzuführen. Dabei wurde auch der Große Hörsaal in der Fassung Stülers wiederhergestellt, nachdem diese in den Sechzigerjahren des 20. Jahrhunderts verändert worden war. Der frühere Zugang zu Luthers Arbeitszimmer wurde freigelegt. Das Refektorium erhielt mit der Zehn-Gebote-Tafel eine wirkungsvolle Ausschmückung.

Bis zur jüngsten Neugestaltung betrat man das Lutherhaus durch das Katharinenportal. Die Rundbogenpforte hatte Luther 1539 beim Pirnaer Superintendenten Anton Lauterbach bestellt. Unter den kuppelförmigen Baldachinen finden sich zwei Reliefs. Das linke zeigt den Kopf des Reformators mit Doktorhut „im 57. Lebensjahr" mit dem Wahlspruch Luthers: „IN SILENCIO ET SPE ERIT FORTITUDO VESTRA" (In Stillsein und Hoffnung würdet ihr stark werden). Die Lutherrose (rechts) benutzte der Reformator erstmals 1524 als Copyright-Vermerk: „Dies Zeichen sei Zeuge, dass solche Bücher durch meine Hand gegangen sind, denn des falschen Druckens und Bücherverderbens befleißigen sich jetzt viele."

Der preußische Kronprinz Friedrich Wilhelm verwendete 1883 erstmals den Namen „Lutherhalle" zu ihrer feierlichen Eröffnung. Dies geschah zu einer Zeit, in der nationale Werte besonders betont wurden. Mit Eröffnung der neuen Dauerausstellung am 6. März 2003 kehrte man jedoch zur Bezeichnung „Lutherhaus" zurück, denn immerhin verbirgt sich im Hause Luthers ein komplexes bauliches und vor allem historisches Phänomen.

Martin Luther – Leben, Werk, Wirkung Hauptausstellung

Die Hauptausstellung ermöglicht dem Besucher Wittenbergs am umfassendsten und tiefsten das Verständnis der reformationsgeschichtlichen Vorgänge und des Wirkens des großen Reformators. Die rund 120 Jahre währende intensive Sammeltätigkeit der Einrichtung sowie die Art der Präsentation ließ eine Exposition von höchstem

Rang entstehen. Nach zwei Jahren Umbauphase, 5 Millionen Euro Umbaukosten und noch einmal 2,6 Millionen Euro Kosten für die eigentliche Ausstellung entstand eine Schau, die den Ansprüchen an ein modernes Museum gerecht wird.

Durch die Sanierung des Bauwerks und eine behutsame Umgestaltung der Exposition vergrößerte sich die Ausstellungsfläche von bisher 800 auf 1 800 Quadratmetern. Gleichzeitig wurde die Zahl der Exponate auf derzeit rund 1 000 reduziert, um eine bessere Wirkung auf den Besucher zu erzielen. Statt weltanschaulicher Gewissheiten wird nun mehr Wissen zur Reformation vermittelt. Am authentischen Ort lässt sich durch geschickte Inszenierung mehr vom Reformator spüren als bisher.

Optisch gewinnt die neue Ausstellung, indem sich gut ein Drittel der Exponate dreidimensional präsentieren. Die Lutherkanzel aus der Wittenberger Stadtkirche gehört weiterhin zu den herausragenden Stücken. Zu sehen sind auch Luthers Kutte und ein Trinkbecher aus seinem Besitz. Die mit Stundenschlag ausgestattete Tischuhr aus dem 16. Jahrhundert könnte zum Haushalt Luthers gehört haben. Eine sensationelle Entdeckung ist das frühe Porträt Luthers, das diesen mit Mönchskutte und dem Barett des Doktors zeigt und aus der Zeit des Wormser Reichstags von 1521 stammt.

Der Zutritt zum Lutherhaus erfolgt durch eine sich westlich an das Gebäude anschließende, separate Eingangshalle. Sie wurde in Glas und Beton architektonisch modern konzipiert. Die freigelegten Feldsteine des Fundaments dienten als solches einst jenem hoch aufragenden Teil des alten Klosters, in dem sich Luthers legendäres „Turmerlebnis" zugetragen haben soll.

Martin Luthers Biographie durchzieht wie ein roter Faden nach wie vor das Ausstellungskonzept. Darüber hinaus bieten ein bauhistorischer und ein alltagsgeschichtlicher Rundgang, Exkurse zur Medienrevolution des 16. Jahrhunderts sowie zum Lutherverständnis im Wandel der Zeit und schließlich die Archivbestände des Lutherhauses eine willkommene Ergänzung bzw. den Anlass für individuelle Erkundungen.

Links: „Luther im Alter"
Gemälde von Lucas Cranach d. Ä.

Martin Luther in Wittenberg Biographischer Rundgang

Diese Route erschließt dem Besucher die Höhepunkte des Hauses: das Refektorium, den Großen Hörsaal und die Lutherstube. Hier sind die Kanzel, von der Luther predigte, seine Kutte, ein Bierkrug, den er benutzte, und die eindrucksvollen Cranach-Gemälde zu besichtigen. In jedem Raum bietet ein ausgewähltes Zitat den Zugang zu Luthers Kopf. Ergänzt wird die Präsentation durch die multimediale Erschließung wichtiger Ausstellungsstücke.

Luthers Eltern kamen aus dem Thüringer Land, wohnten dann in Eisleben und zogen kurz nach der Geburt ihres Sohnes Martin nach Mansfeld. Die Tätigkeit des Vaters im Kupferbergbau ermöglichte es der Familie, den Sohn zum Universitätsstudium nach Erfurt zu schicken. Die Laufbahn als bürgerlicher Beamter zerschlug sich jedoch durch ein eher zufälliges, aber nachhaltiges Ereignis. Bei Stotternheim geriet Luther in ein furchtbares Gewitter und gelobte nach einem schreckenerregenden Blitzeinschlag, Mönch zu werden.

Im Kloster der Erfurter Augustinereremiten unterwarf er sich strengster Askese auf der Suche nach der Gerechtigkeit Gottes. Ab Sommer 1507 studierte Luther Theologie, wurde auf Betreiben Johannes von Staupitz' zum Priester geweiht und kam 1508 als Lehrer für Moralphilosophie nach Wittenberg, an die „Grenze zur Zivilisation", wie es Luther zunächst empfand. Er übernahm die „Lectura in biblia", promovierte im Oktober 1512 in der Schlosskirche und

Der Luther-Choral aus dem Klugschen Gesangbuch (1533)

predigte ab 1514 öffentlich in der Wittenberger Stadtkirche.

Eine Ablasstruhe aus dem 16. Jahrhundert erinnert an die Praxis, sich durch die Entrichtung von Geldbeträgen des ewigen Seelenheils zu versichern. Luther musste feststellen, dass mancher Wittenberger der Beichte fernblieb und stattdessen im benachbarten Zerbst oder Jüterbog Ablasszettel kaufte. Seine Kritik richtete sich insbesondere gegen die Geschäfte des Dominikaners Tetzel, von dem es hieß, dass er sogar für die Sünden bereits Verstorbener und für noch zu begehende Sünden Ablass gewähre, nach dem Motto: „Sobald das Geld im Kasten klingt, die Seele in den Himmel springt“.

Luthers 95 Thesen setzten sich mit dieser Ablasspraxis auseinander. Der berühmte Thesenanschlag an die Schlosskirchentür gilt heute zwar als nicht bewiesene Legende, fest steht jedoch, dass der Reformator disputieren wollte und sich in Briefen an den Bischof von Brandenburg und den Erzbischof von Magdeburg wandte; die besagten Thesen lagen bei. Abschriften gelangten unter anderem nach Leipzig, Nürnberg und Basel und „liefen“ – wie Luther es ausdrückte – „in 14 Tagen durch ganz Deutschland“.

Die wichtigsten Streitschriften des Reformators mit den sich daraus für ihn erwachsenen Konsequenzen bilden einen weiteren Schwerpunkt des biographischen Rundgangs. Gegenüber dem „christlichen Adel“ forderte Luther die Säkularisierung des Kirchenbesitzes und die Wählbarkeit der Pfarrer. Das Sendschreiben markierte den Gipfel der Einheit aller Romgegner. Nie wieder sprühte Luther so vor Humor, Witz und Ironie. Der „babylonischen Gefangenschaft der Kirche“ hoffte er zu begegnen, indem er nur noch drei Sakramente gelten ließ: Taufe, Buße und Abendmahl.

Der Verbrennung der päpstlichen Bannandrohungsbulle folgte die Vorladung nach Worms. Luther schlug sich dort tapfer, musste sich jedoch anschließend auf der Wartburg verbergen. Als Mönch Junker Jörg getarnt, übersetzte er in nur zehn Wochen das Neue Testament. Vermutlich benutzte Luther die griechisch-lateinische Fassung des Erasmus von Rotterdam als Vorlage. Das im Frühjahr 1522 fertige Rohmanuskript war in ostmitteldeutsch verfasst – das Kaiserreich war von einer sprachlichen Einigung noch weit entfernt. Der Reformator legte großen Wert auf das Verständnis seines Textes im einfachen Volk. „Man muss die Mutter im Hause, die Kinder auf der Gasse, den gemeinen Mann auf dem Markt drum fragen und denselben aufs Maul schauen, wie sie reden und danach dolmetschen." Bereits im September erschien in einer Startauflage von 3 000 Exemplaren „Das Neue Testament".

Die heute als Fragment erhalten gebliebene Predigtkanzel bestieg Luther ab 1524 nicht mehr in der Mönchskutte, sondern in weltlicher Gelehrtenkleidung. Thomas

Im großen Hörsaal

Hochzeitsbilder von Martin Luther und Katharina von Bora

Müntzers Auffassung, dass man die Menschen von ihrem Trachten nach Reichtum, Wohlleben und Macht abbringen muss, teilte er nicht. Als der Bauernkrieg ausbrach, versuchte er zunächst, die Aufständischen zu besänftigen. Erst nach der Schlacht bei Frankenhausen erschien seine spektakuläre Schrift „Wider die räuberischen und mörderischen Rotten der anderen Bauern".

Das „Augsburger Bekenntnis" von 1530 war schließlich die grundlegende Bekenntnisschrift des Luthertums. Die von Philipp Melanchthon verfassten Zeilen zielten auf die Erneuerung der Alten Kirche und nicht auf die Errichtung einer Neuen. Bei Hans Lufft erschien dann 1534 Luthers Werk „Die ganze Heilige Schrift".

1543 schrieb Martin Luther: „Ich habe ausgearbeitet und ausgelebt, der Kopf ist kein nütz mehr." Zwei Jahre darauf zog es ihn von Zeitz gar nicht nach Wittenberg: „Mein Herz ist erkaltet, dass ich nicht gern mehr da bin". Von einer winterlichen Fahrt nach Mansfeld und Eisleben sollte er tatsächlich nicht lebendig zurückkehren.

Martin Luthers Totenbildnis (17. Jahrhundert) findet sich am Ort stillen Gedenkens an das übermächtige Lebenswerk des Reformators. In Form der inzwischen auf über einhundert Bände angewachsenen Ausgabe der „Weimarana" ist es vermutlich noch für Generationen Gegenstand von Forschung und Bewertung. Der Reformator: „Ein ‚göttlich Leben' führen heißt nicht, in eine Wüste laufen oder sich in einem Winkel verstecken, sondern hervortreten nach seinem Beruf..."

Das reformatorische Gedankengut fand vor allem in Skandinavien und im Baltikum, darüber hinaus in Siebenbürgen lebhafte Aufnahme. Geistige Strömungen waren aber auch in England, Schottland und Frankreich, in den Niederlanden und der Schweiz zu verzeichnen. Luthers Bibelübersetzung war die Grundlage für die Übertragungen ins Französische (1530), Englische (1538), Ungarische (1541) und Finnische (1548). Im Jahre 1990 gab es weltweit etwa 60 Millionen lutherische Christen.

Hauptanziehungspunkt im Refektorium, dem einstigen Speisesaal der Mönche, bildet die Zehn-Gebote-Tafel. Lucas Cranach d. Ä. schuf sie 1516. Sie befand sich einst in der Gerichtsstube des Rathauses. Mit der besonderen Bildersprache des Künstlers wurde dem einfachen, des Lesens und Schreibens unkundigen Mann die christliche Moralauffassung nahegebracht.

Der Große Hörsaal ist ein Höhe- und zugleich ein Ruhepunkt beim Ausstellungsbesuch. Bis zu 400 Studenten drängten sich früher in dem knapp zweiundzwanzig mal acht Meter messenden Zimmer, das bis zuletzt Hörsaal der Wittenberger Universität blieb. Die gusseisernen Querbinder mit den Wappen Luthers und Melanchthons wurden während der Arbeit Stülers eingezogen, um die Decke zu entlasten. Eines der vier großen Ölgemälde zeigt Kurfürst Friedrich den Weisen. Von dem um 1680 entstandenen großen Barock-Katheder wurde nicht disputiert. Er ist vielmehr ein repräsentatives Schaustück Wittenberger Universitätsgeschichte. Die Wappen der vier spätmittelalterlichen Fakultäten – Theologie, Jura, Medizin und Humanismus – zieren die untere Schranke. Unter den Medaillons der darüberliegenden Schranke ist das mittlere besonders bemerkenswert. Es zeigt den Gründungsdirektor der Universität Martin Pollich aus Mellrichstadt in Franken, der zum Leibarzt Friedrichs avancierte und gemeinhin Dr. Mellerstedt genannt wurde.

Mehr noch als der Große Hörsaal blieb die Lutherstube von den Veränderungen der Jahrhunderte verschont. Nach Oskar Thulin, dem ersten Direktor des Museums Lutherhalle, ist sie das „äußere Heiligtum

Moderne Ausstellungswand in einem ehemaligen Wohnraum der Luthers

des Luthertums“. Den Besucher nimmt das Fluidum des Ortes sofort gefangen. Nirgendwo scheint man dem Reformator näher zu sein als hier.

In einen ursprünglich größeren Raum wurden Holzpaneele eingezogen, deren Bemalung aber erst vom Anfang des 17. Jahrhunderts stammt. Eine Möblierung des Raumes kam wegen der ständigen Geldknappheit erst nach 1535 zustande. Die Kastensitze am Fenster waren Arbeitsort und Stauraum zugleich.

Die Dielung stammt wahrscheinlich noch aus der Entstehungszeit des Zimmers. 1877 wurden die alten Bohlen überholt und neu verlegt. Pittoresk muten heute die Butzenscheiben an – im 16. Jahrhundert war so eine Ausstattung geradezu luxuriös. Den gemütlichen Sammelpunkt des ganzen Anwesens bildete ein Ofen. Der jetzige sorgte allerdings zu Luthers Zeiten noch nicht für Wärme, sondern stammt von 1602.

Vom Kloster zum Museum
Bau- und Nutzungsgeschichte

Der Name „Lutherhaus“ ist seit dem 19. Jahrhundert gebräuchlich. Zuvor hieß das Gebäude „Schwarzes Kloster“ oder wurde sogar als „Hintergebäude des Augusteums“ bezeichnet. All die unterschiedlichen Namen deuten auf eine wechselvolle Bau- und Nutzungsgeschichte des rund 500 Jahre alten Gemäuers hin. Ein detailliertes Modell des Lutherhauses dokumentiert diese Geschichte. Außerdem werden Funde gezeigt, die bei den jüngsten Umbauarbeiten ans Tageslicht kamen. Stelen mit Texten, im ganzen Hause verteilt, vertiefen auch dieses Thema.

Predigt – Propaganda – Polemik
Die Reformation als Medienrevolution

Ohne die Erfindung der Druckerpresse wäre die enorme Ausbreitung des Gedankenguts der Reformation undenkbar gewesen. Bis zum Jahr 1500 wurden in Europa rund 27 000 Buchtitel in einer Gesamtauflage von 10 Millionen Exemplaren gedruckt. Während des 16. Jahrhunderts stieg die Zahl der Titel auf das Fünffache, die der Gesamtauflage auf das Fünfzigfache.

Martin Luther war der mit Abstand erfolgreichste Autor seiner Zeit. Seine (gedruckten) Schriften wirkten in ganz Deutschland und in vielen Teilen Europas.

Schatzkammer
Kostbarkeiten aus neun Jahrhunderten

Drei Räume des zweiten Obergeschosses zeigen Objekte, die nicht in direktem Zusammenhang mit Luther und der Reformation stehen: Bibelhandschriften, die ältesten aus dem 11. Jahrhundert, Notenblätter mit Beispielen mittelalterlicher Buchmalkunst sowie Urkunden mit kunstvoller Kalligraphie. Dazu gesellen sich wertvolle Inkunabeln, deutsche Kunst der Renaissancezeit (Gemälde, Holzschnitte, Kupferstiche und Graphikzyklen) sowie – schatzkammertypisch – Münzen und Medaillen.

Fensteröffnungen ermöglichen einen Blick auf die umfangreichen Bestände in Bibliothek und Magazin. Etwa 7 000 Handschriften umfasst die Sammlung der Stiftung Luthergedenkstätten, darunter allein 500 Briefe, Urkunden und Manuskripte aus dem Reformationsjahrhundert.

Luthers Bild und Lutherbilder
Rezeptions- und Wirkungsgeschichte 1546 bis 1983

In den dahinterliegenden Räumen findet sich eine Darstellung der Wirkungsgeschichte Luthers vom späten 16. bis zum 20. Jahrhundert. Das Konterfei des Reformators ziert Gemälde und Grafiken, Tassen, Dosen und Pfeifenköpfe. Die großformatigen Historienbilder des 19. Jahrhunderts prägen das Lutherbild bis heute. Einen zentralen Platz in dieser Abteilung nimmt die von Johann Gottfried Schadows geschaffene überlebensgroße Büste des Reformator ein.

Die Lutherstube

Zu Haus bei Katharina Alltagsleben der Familie Luther

Luthers Hochzeit mit Katharina von Bora wird heute aus der Endzeitstimmung heraus erklärt, die Luther auf dem Höhepunkt des Bauernkrieges empfand. Bereits in der Osternacht 1523 war die Nonne aus dem Kloster Nimbschen bei Torgau geflohen, zusammen mit acht anderen Ordensfrauen. Katharina wohnte erst einmal bei Lucas Cranach.

Die Heirat mit dem ehemaligen Mönch Luther bewirkte, sicher nicht unbegründet, zunächst Kritik. „Wenn dieser Mönch heiratet, wird die ganze Welt und der Teufel lachen und er selber alles, was er geschaffen hat, zunichte machen“, meinte der Jurist Hieronymus Schurff. Luther bekam der Ehestand und die neue Ordnung seiner Existenz offenbar gut. „Ich wollte meine Käthe weder gegen Frankreich noch gegen Venedig eintauschen“, meinte er sichtlich zufrieden. Er gehörte zu den reichsten Bürgern Wittenbergs – ein Erfolg seiner Frau, die sechs Kinder gebar und einen großen Haushalt mit Viehzucht und Bierbrauen führte. Im Kellergeschoss stellen geschnitzte Modelle typische Szenen aus dem Alltagsleben dar.

Im Jahre 2004 wurde bei Grabungen an der Südseite des Lutherhauses ein bis dahin unbekannter Anbau entdeckt. Er stammt vom Beginn des 16. Jahrhunderts, diente wohl zunächst dem damaligen Prior als Wohnung und danach Luther als Arbeitstätte. Im Sommer 2005 war der Bereich an der Südseite des Museums erstmals für Besucher zugänglich – allein 2 000 Gäste kamen zur Eröffnung. Die benachbarte, einem Amphitheater ähnliche Sitzstufenanlage mit 70 Plätzen bildet einen neuen attraktiven Ort für Kulturveranstaltungen.

Das im Jahre 2004 freigelegte Erdgeschoss eines südlichen Lutherhaus-Anbaus

Luthereiche

„ZUR ERINNERUNG AN DIE TAT DR. MARTIN LUTHERS AM 10. DEZ. 1520“ lautet die Inschrift des Gedenksteines an der Kreuzung Lutherstraße/Collegienstraße. Er verweist auf einen historischen Vorgang: Luthers Schrift „An den christlichen Adel deutscher Nation von des christlichen Standes Besserung“ hatte die Auseinandersetzung des Reformators mit Rom auf die Spitze getrieben. Mit der Bulle „Exsurge Domine“ wurde Luther der Bann angedroht, falls dieser nicht binnen 60 Tagen widerrief.

Als man damit begann, seine Schriften einzuziehen und zu verbrennen, war die Reaktion nur konsequent: Vor der begeisterten Studentenschaft Wittenbergs verbrannte Luther die Bücher des alten Kirchenrechts und schließlich ein Exemplar der Bannandrohungsbulle. Der Ort war wohl bedacht ausgewählt worden, verbrannte man doch sonst dort, in der Nähe des Elstertores, die Habseligkeiten der Pestkranken.

Bereits am 3. Januar 1521 wurde die Bannbulle verhängt, doch der Reformator blieb standhaft. Vor den Reichstag in Worms geladen, wollte er „nicht widerrufen, da es beschwerlich, ungut und gefährlich ist, gegen das Gewissen zu handeln.“

Später wurde in Wittenberg mit der Pflanzung einer Eiche des historischen Vorgangs gedacht. 1813 schlugen Franzosen aus dem Baum Brennholz. Die heutige Luthereiche wurde 1830 anlässlich des 300. Jahrestages der Augsburger Konfession gepflanzt. 1925 erhielt der kleine Platz mit Grünanlage und Brunnen seine heutige Gestaltung.

Melanchthon-Haus

Wenige Schritte vom Augusteum entfernt befindet sich in der Collegienstraße eines der schönsten Bürgerhäuser Wittenbergs: das Wohnhaus Philipp Melanchthons. Während die Fenster noch spätgotisch gefasst sind, vermittelt der rundbogige Staffelgiebel bereits die selbstbewusste Modernität der Renaissance. Diese architektonische Formensprache gelangte aus Italien über Böhmen und Ungarn in den mitteldeutschen Raum. Ähnliche Giebelaufsätze in Rundbogenform und halbrund geschlossene Portale entstanden wenig früher oder gleichzeitig in Torgau, Halle und Dessau. In das Melanchthon-Haus gelangt man durch eine künstlerisch feingearbeitete Sitznischenpforte, die eine quergeteilte Eichentür fasst.

Die Familie Schwarzerdt – Melanchthon ist die altgriechische Form dieses Namens – lebte in der kurpfälzischen Stadt Bretten. Der am 16. Februar 1497 geborene Philipp wurde vor allem durch seinen Großvater erzogen. Nach dem Besuch der öffentlichen Schule erhielt der Junge Privatunterricht. Neben Grammatik und Satzlehre bildete das Fach Latein den Schwerpunkt dieser Ausbildung, in der sich Philipp durch seine schnelle Auffassungsgabe auszeichnete. Mit großem Fleiß lernte er in Pforzheim die griechische Sprache, um daraufhin, als noch nicht Dreizehnjähriger, Student der Universität Heidelberg zu werden. Die Würde eines Baccalaureus erwarb er mit 14 Jahren, wechselte an die Universität Tübingen und wirkte dort bereits Anfang 1514 als Magister.

Reuchlins Empfehlung an Kurfürst Friedrich den Weisen führte 1518 zur Berufung nach Wittenberg. An der Seite Luthers sollte Melanchthon die griechische Sprache, aber auch die neue biblische Theologie lehren. Von ihm stammen das noch heute gültige

Bekenntnis aller lutherischen Kirchen – die Augsburgische Konfession – sowie das erste Lehrbuch der lutherischen Theologie und die erste Kirchen- und Schulordnung.

Bei der Ankunft in seinem neuen Wohnort entsprach sein Eindruck von der Stadt in etwa dem Luthers. Ein „elend Städtchen mit elend Leimhütten“, urteilte Melanchthon. In dem „armen elenden Nest“ gäbe es „keine echte Ernährung. Ist nichts Gut's zu bekommen; und wenn man schon etwas hat, so kochts mans nicht recht.“ Doch nach langem Schaffen in dieser Stadt bekannte Melanchthon: „Ich liebe diesen Ort wie mein Vaterland. Hier habe ich mit den trefflichsten Männern in Verbindung gestanden und gemeinschaftlich gearbeitet.“

Über den ersten Wohnsitz des jungen Mannes ist heute nichts mehr bekannt. Nach seiner Heirat mit Katharina, der Tochter des Gewandschneiders und Bürgermeisters Hans Krapp, am 25. November 1520, bezog Melanchthon das Budengrundstück Collegienstraße (heute Nummer 60). Das baufällige Haus verfiel zusehends; an einen Neubau war bei anfänglich einhundert Gulden Jahresgehalt nicht zu denken. Erst nachdem der Fortzug Melanchthons aus Wittenberg 1535/36 nicht mehr auszuschließen war, wurde gehandelt: Aus der kurfürstlichen Kasse Johann Friedrichs flossen 500 Gulden, die Universität legte 200 Gulden dazu. Insgesamt kostete der Neubau, ein dreigeschossiges Gelehrtenhaus mit dem großen, sich südlich anschließenden Garten, dann 946 Gulden. Dieser Besitz erhob Melanchthon in den Stand eines Vollbürgers mit den dazugehörenden Rechten. 1556 erhielt das Grundstück Röhrwasseranschluss.

Melanchthons Gehalt besserte sich nach 1520 allmählich. 1541 lag es dann bei 400 Gulden jährlich. Damit war er der am höchsten bezahlte Professor Wittenbergs. Doch später resümierte er: „Ich habe weder Schätze noch Ruhm, noch Wohlleben gesucht. Mein soll der Hauptteil der Arbeit sein, mit den Schätzen mag sich bereichern, wer da will.“ Das Arbeitspensum des hageren Mannes war enorm. Von drei bis sieben Uhr morgens studierte Melanchthon, darauf folgte das Gebet mit der Familie, und ab acht Uhr las er Colleg in der „Leucorea“.

Der Philologe und Humanist wurde in Wittenberg auch zum Theologen und Dogmatiker. Als Pädagoge hatte er unzähligen Studenten Wissen vermittelt, mit ihnen disputiert und ihnen Rat gegeben. In seiner Art drastisch erkannte dies auch Luther an: „Denn was der Herr durch Philippus nicht allein in den Wissenschaften, sondern auch in der Theologie gewirkt hat, das bezeugen genugsam seine Werke, wenngleich der Satan darüber zürnt und alle seine Schuppen.“ Die beiden Männer verband, trotz der 14 Jahre Altersunterschied, eine zunächst fast stürmische Freundschaft. Deutliche Differenzen traten erstmals 1525 anlässlich der Eheschließung Luthers auf. Die Wogen glätteten sich allmählich, sodass Melanchthon in seiner Leichenrede Luthers als Elia seiner Zeit gedachte, der die Kirche wieder zu den Quellen gerufen habe.

Nach Melanchthons Tod (1560) wurde das straßenseitig gelegene Wohn- und Sterbezimmer angeblich schwarz getüncht. Das Gebäude diente auch weiterhin meist als Professorenwohnung. Während des Festungsbaus 1626 musste ein Teil des Grundstücks abgegeben werden. Zwischen 1796 und 1808 erfuhr das Anwesen unter seinem neuen Besitzer, dem Schornsteinfegermeister Sichler, weitere Veränderungen. Zu bereits bestehenden Hofgebäuden gesellten sich Ställe für Pferde und Schweine. 1810 richtete Sichler das Wohn-, Studier- und Sterbezimmer her und öffnete es zur Besichtigung.

1844 bot der Sohn und Erbe Sichlers das geschichtsträchtige Gebäude dem preußischen Staat an, der es im Folgejahr kaufte. Der Konservator Ferdinand von Quast empfahl eine Renovierung „in großartiger Weise“.

Melanchthon-Haus

Melanchthons Sterbezimmer

1845 wurden Wandmalereien im zweiten Obergeschoss freigelegt und ein Fenster mit mittelalterlichen runden Butzenscheiben nachgebaut. Das Melanchthon-Haus nutzte man danach als Dienstwohnung für einen Lehrer, der das Sterbe- und auch das Wappenzimmer zu pflegen und Besuchern zu öffnen hatte.

Bei Instandsetzungsarbeiten anlässlich des 400. Geburtstages Melanchthons 1897 wurden weitere Malereien im Sterbezimmer gefunden. Da sie nur noch in Fragmenten erhalten waren, entschloss man sich zu Nachschöpfungen. In jener Zeit erhielt das Gebäudeinnere im Wesentlichen sein heutiges Aussehen. Am 20. April 1945 wurde das östliche Nachbarhaus bei einem Luftangriff zerstört. Später entfernte man weitere, den Gesamteindruck störende Hofgebäude.

Seit 1954 dient das Haus wieder als Museum. Zunächst zog das 1910 gegründete Heimatmuseum ein. Zur 450-Jahr-Feier der Reformation (1967) wollte die städtische Kulturverwaltung Philipp Melanchthons Leben und Wirken in einer eigenständigen musealen Einrichtung würdigen. Im Lutherjahr 1983 kam es zu einer Überarbeitung der Ausstellungskonzeption: Das Museum sollte künftig ein Gegengewicht zur Lutherhalle sein und Melanchthon vordergründig als Humanisten offerieren.

Schließlich bot der 500. Geburtstag des Reformators 1997 Anlass, die Dauerausstellung völlig neu zu gestalten. Melanchthons Leitsatz „Ad fontes!“ (Zu den Quellen, zurück zum Ursprung, zum Kern der Wahrheit) ist Ausstellungsmotto und zugleich Maßgabe für den individuellen Rundgang.

Im modernen, gegenüber der Authentizität des Bauwerks zurückhaltenden Design werden Bilder, Drucke und Handschriften Melanchthons und seiner Zeitgenossen gezeigt. Von den wichtigsten Drucken sind digitalisierte Kopien zugänglich, sodass der Besucher in den Büchern blättern kann. An Audio-Stationen erklingen Texte von Melanchthon im Original und in Übersetzungen. Zur Einleitung stehen zwei Fassungen eines Videofilms bereit. Mit den Etappen der Baugeschichte des Hauses macht ein interaktives Computermodell vertraut.

Der Garten an der Rückseite des Gebäudes stellt sich heute wieder als bürgerlicher Hausgarten der Renaissance dar. Auf zahlreichen, nach historischem Vorbild holzgefassten Beeten verzaubern im Sommer eine Blütenpracht und ein intensiver Kräuterduft verschiedener Stauden die Besucher. Wichtigstes Exponat ist jedoch das Haus geblieben. So versetzte man das 1897 möblierte Studier- und Sterbezimmer in seinen ursprünglichen Zustand zurück und restaurierte die Studentenwappen aus Melanchthons Zeit.

Die Collegienstraße

Wuchtig und streng wirkt die Fassade des dreigeschossigen Gebäudes Collegienstraße 62. Es entstand 1842/43 an der Stelle des ehemaligen Neuen Collegiums als Kasernengebäude. Später (bis 1956) diente es als Amtsgerichtsgefängnis. Nur der Name „Fridericianum" wurde weitergeführt und erinnerte an den kurfürstlichen Universitätsgründer Friedrich den Weisen.

Das westlich benachbarte Sitznischenportal (früher zum Haus Markt 2 gehörend) bietet da einen eher zierlichen Kontrast. Nach dem Durchschreiten erschließt sich dem Besucher ein Areal, auf dem mit der Stiftung „Leucorea" an die glanzvolle Wittenberger Universitätsgeschichte angeknüpft wurde (siehe Kapitel „Geschichte").

1502 hatte Kaiser Maximilian I. die Gründungsurkunde der neuen, am 18. Oktober eröffneten Bildungseinrichtung unterzeichnet. Die ersten Professorenstellen besetzte Friedrich der Weise mit Mönchen. Das war ein geschickter Schachzug, da diese Mönchsprofessoren von ihrem Stift unterhalten wurden. Außerdem dienten die Räume des Franziskanerklosters als frühe Hörsäle. 1502 kamen die ersten 13 Augustinereremiten nach Wittenberg. Sie wohnten zunächst am westlichen Ende der Stadt in einem Armenhospital, bis dann 1504 bis 1508 das Schwarze Kloster geschaffen wurde.

Im Jahre 1503 begann man das Alte Collegium zu bauen. Dessen Architekt, Konrad Pflüger, hatte der Kurfürst bereits erfolgreich

Portal führt auf den Hof der Leucorea

am Neubau des Schlosses eingesetzt. Nach Pflügers Entwürfen entstanden auch das Schwarze Kloster und das Neue Collegium. Das Alte Collegium wurde ein Stück von der Langen Straße, der heutigen Collegienstraße, zurückgesetzt errichtet. Da schon bald der enorme Zustrom von Studenten weitere Räumlichkeiten erforderte, kaufte man einige Häuser längs der Langen Straße auf und baute an deren Stelle 1509 bis 1513 das Neue Collegium. Im Erdgeschoss befanden sich Hörsäle und Seminarräume, in den oberen Etagen Studentenunterkünfte. Es war ein stattliches Gebäude mit dekorativen Zwerchgiebeln auf Straßen- und Hofseite sowie einem stolzen Dachreiter. Der Hof erhielt einen Brunnen (ähnlich dem heutigen auf dem Holzmarkt), der von der ersten Wittenberger Röhrfahrt gespeist wurde. Auf der Ostseite des Hofes gab es ein kleineres Gebäude mit angrenzender Mauer. Die dort eingelassene Pforte führte direkt auf Philipp Melanchthons Grundstück.

Ab 1516 entstand im Norden der Altstadt, in der heutigen Juristenstraße, das „Juridicum" – die juristische Fakultät. Doch an Räumen mangelte es weiterhin: Zwischen 1536 und 1546 fanden über 5 500 Immatrikulationen statt. Eine wirkliche Lösung des Platzproblems brachte trotz stärkerer Einbeziehung des Lutherhauses erst der Neubau des Augusteums.

Nachdem 1812 die Universitätsleitung selbst die Verlegung des Unterrichtsbetriebs nach Dresden, Meißen oder Freiberg erwogen hatte, wurden gemäß königlicher Order von 1817 die altehrwürdigen Collegien geschlossen. 1830 nahm man den Umbau des Alten Kollegs zur Kaserne vor, bald darauf folgte der Abriss des Neuen Kollegs. In ihrem Namen „Vereinigte Friedrichs-Universität Halle-Wittenberg" (ab 1933 „Martin-Luther-Universität") verwies die neue Einrichtung auf alte Traditionen.

Zusammen mit der Schlossstraße ist die Collegienstraße heute Haupteinkaufs- und Flaniermeile für Lutherstädter und Touristen. Fassaden aus der Renaissancezeit, mehr aber aus Jugendstil und Gründerzeit bieten manch bemerkenswertes Detail für den aufmerksamen Spaziergänger. Inschriftentafeln verweisen auf den Aufenthalt prominenter Personen in der Stadt. So wohnte in dem Haus Collegienstraße 76 ab 1756 Johann Daniel Titius (1729-1796). Er lehrte in Wittenberg Mathematik, später auch Physik und baute den ersten Blitzableiter Deutschlands, nachdem er von der Erfindung Benjamin Franklins gehört hatte. Des „Blitzschlossers von Wittenberg" gedachte später der Volksschriftsteller Berthold Auerbach.

Das Haus Nummer 81 besitzt gleich vier Gedenktafeln: Caspar Cruziger (1504-1548) war ein Reformator aus der ersten Reihe, dessen Name zusammen mit Luther, Melanchthon und Bugenhagen genannt werden kann. Der Rechtsgelehrte Hieronymus Schurff (1481-1554) unterstützte Luther bei seinem Auftritt in Worms. Melanchthon schätzte ihn als „Vorbild für das ganze Leben". Augustin Schurff (1495-1548), der Bruder Hieronymus', machte Furore, als er im Beisein der Theologen einen menschlichen Schädel sezierte. In seinen Vorlesungen ging er von der Lehre der antiken Klassiker ab – seine praktischen Erfolge verhalfen ihm zu hohem Ansehen. Elisabeth von Meseritz (gest. 1535) gilt als die erste evangelische Liederdichterin. Sie hat 100 Jahre vor Paul Gerhardt gewirkt, der von 1616 bis 1623 im Haus Collegienstraße 7 wohnte.

Ein auffällig von Ziegelbändern verzierter mittelalterlicher Giebel gehört zum Gebäude Collegienstraße 12/13. Es wird noch heute irrtümlich als Hamlet-Haus bezeichnet. Doch nicht Shakespeares historischer Prinz wohnte an dieser Stelle, sondern Dänenkönig Christian II., der nach blutigem Gemetzel an seinen Widersachern ab 1520 fliehend durch Europa reiste. Das heutige Gebäude stammt – nach einem Brand – erst aus dem Jahr 1904.

Stadtkirche St. Marien

Mittelalterliche Stadtansichten zeigen Wittenberg meistens von der Südseite. Die Silhouette der von hier nur über die Elbbrücke zugänglichen Stadt prägen Schloss und Schlosskirche im Westen, die Universitätsgebäude im Osten und die Stadtkirche St. Marien im Zentrum.

Die ältesten Teile der Kirche datieren aus dem 13. Jahrhundert. 1281 bis 1285 wurden Wallfahrten nach Wittenberg organisiert, um den Bau finanzieren zu können. Feld- und Backsteine bildeten das Baumaterial der östlichen Außenmauer, mit deren Errichtung ein künstlerischer Akzent gesetzt wurde:

Der berühmte Cranach-Altar in der St. Marienkirche

Predella-Gemälde mit Martin Luther als Prediger

Eine spitzbogige, gestaffelte Blendarchitektur gliedert diese Wandfläche wirkungsvoll und lässt den Übergang zum späteren Erweiterungsbau deutlich hervortreten. Kräftige, schmucklose Strebepfeiler stützen das Mauerwerk im Süden und Osten ab. In dem Bereich, wo Haupt- und Nebenschiff aufeinanderstoßen, erhebt sich auf einer Konsole ein Glockentürmchen. Innen trennen zwei quadratische Pfeiler und Gurtbögen die beiden Schiffe. Ein einfaches Kreuzrippengewölbe enthält bemerkenswerte Schlusssteine, die teils figürlichen Schmuck, teils Blattornamente tragen. So sind der segnende Christus (erstes Hauptschiffjoch) sowie das Lamm Christi, eine Engelsgestalt und ein Drachen (Seitenschiff) zu sehen.

Dieser aus Mittelschiff und südlichem Seitenschiff bestehende Ursprungsbau blieb bei der Erweiterung im 15. Jahrhundert als Altarraum erhalten. Ihm fügte man ab 1412 eine fast quadratische dreischiffige Hallenkirche gen Westen an. Ihre vier Joche sind außen durch Strebepfeiler markiert, die bis zum Dachgesims reichen. Dazwischenliegende Spitzbogenfenster sind durch komplizierte Maßwerkformen ausgeschmückt. Die Nahtstelle zum Erweiterungsbau markiert im Inneren ein Triumphbogen. Achteckpfeiler trennen Mittel- und Seitenschiffe des Langhauses voneinander.

Den westlichen Teil des Kirchenbaus prägen die wuchtigen und zugleich schlichten Turmquader. Das Westportal wird nach dem darüberbefindlichen Tympanon-Relief mit einer Maria auch Marienportal genannt. Die Maßwerkrose und das hohe schmale Spitzbogenfenster darüber betonen wirksam die Mittelachse. Aus dem Jahre 1432 stammt der backsteinerne Verbindungsbau zwischen beiden Türmen. Zu dieser Zeit hatten sie durch das Aufsetzen von Glockenschächten die heutige Höhe von etwa 60 Metern erreicht. Waagerecht verlaufende Gesimslinien übernehmen eine Gliederung der Turmfassade.

Bis zum Schmalkaldischen Krieg trugen die Türme vierflächige, gotische Pyramiden, die dann zu Verteidigungszwecken entfernt wurden. Neue Turmaufsätze entwarf der renommierte Baumeister Ludwig Binder aus Zerbst. Binder, der zwei Jahre zuvor den Turmneubau der Dessauer Schloss- und Stadtkirche St. Marien vollendet hatte, übernahm die dortige Art der Turmbekrönung: Die in ihrem Grundriss achteckigen Renaissancestühle tragen einen glockenförmigen Haubenaufsatz und darüber je eine achtseitige Laterne. Allerdings wurden die

Rechts: Alabasterrelief vom Epitaph Lucas Cranach d. J.

MEMORIÆ ET SPEI ÆTERNÆ

im Februar 1556 begonnenen Arbeiten jäh unterbrochen, als Binder im Oktober vom Turm stürzte und tödlich verunglückte. Bis 1558 zog sich die Fertigstellung hin. Lucas Cranach d. J. übernahm die Vergoldungen, dann wurden insgesamt 48 Zentner Kupferblech aufgelegt und die Dächer gedeckt.

1570 erhöhte man die Sakristei nördlich vom Altarraum und glich das Dach dem des großen Hauptschiffs an. Gleichzeitig erhielt die Kirche einen Wendelstein an der Nordwand. Ab 1655/56 ersetzte ein gewölbter steinerner Quergang zwischen beiden Türmen die alte Holzkonstruktion; an die Stelle der Steinbrüstungen auf den Turmstümpfen traten eiserne Gitter. In der Haube des nördlichen Kirchturms befand sich früher die Wohnung des Türmers. Anna Otto, geb. Kühne, war die letzte Amtsinhaberin. In der viereinhalb Zimmer und Küche umfassenden Wohnung, zu der man über 192 Stufen gelangte, wohnte sie 48 Jahre lang. 1945 starb Anna im Alter von 82 Jahren.

Fürst Leopold III. Friedrich Franz von Anhalt-Dessau (1740-1817), Initiator des Dessau-Wörlitzer Gartenreichs, vermittelte baukünstlerische Kontakte mit dem banachbarten Anhalt. Carlo Ignazio Pozzi (1766-1842) ordnete in den Jahren 1810 bis 1812 die heterogenen Elemente der Stadtkirche durch eine Neugestaltung des Kircheninneren. Neben hölzernen Emporen, von denen eine 1928 wieder entfernt wurde, erhielt das Kircheninnere einen neuen Orgelprospekt, das Chorgestühl und die Kanzel. 335 alte Grabsteine vom eingeebneten Kirchhof dienten als Baumaterial für den neuen Plattenfußboden.

Die Stadtkirche St. Marien betritt man heute durch den Westeingang. Zu beiden Seiten des Nordportals bauen sich türmchenartige Fialen auf. Unter den vier nischenartigen Rundbögen kragen Konsolbüsten hervor. Darüber finden sich in den äußeren Feldern die stark verwitterten Skulpturen der Apostel Petrus und Paulus. Von der mittelalterlichen Ausstattung der Kirche blieb, verursacht durch die Bilderstürmereien im Dezember 1521 und im Februar 1522, sehr wenig erhalten. Erst das Auftreten des aus dem Exil zurückgekehrten Luthers konnte seinerzeit die erhitzten Gemüter wieder beruhigen.

Die Holzkanzel des Reformators, seit 1883 als Dauerleihgabe im Lutherhaus, stand einst an dem Pfeiler gegenüber der heutigen neugotischen Kanzel. Ab 1514 predigte Martin Luther wöchentlich zweimal in der Stadtkirche, am 29. Oktober 1525 erstmals in deutscher Sprache. Das Bronzetaufbecken Hermann Vischers d. Ä., ein Meisterwerk mittelalterlichen Bronzegusses, ist das einzige bezeichnete Werk des Begründers der Vischerschen Gießhütten. Sowohl Formen der Spätgotik als auch bereits der Frührenaissance finden sich an dem 1457 datierten Kunstwerk. Vier Wappenlöwen lagern zu Füßen des Beckens. Darüber erscheinen, voll plastisch ausgeführt, die Gestalten von vier Aposteln. Die Fußkonstruktion wird von Fabelwesen wirkungsvoll belebt. Weitere acht Apostel in den Hochreliefs sollen den Täufling vor Unheil bewahren.

Vom ehemaligen Kirchhof stammt das vermutlich in der ersten Hälfte des 14. Jahrhunderts entstandene Sandsteinrelief mit Christus als Weltenrichter. Es befindet sich seit 1955 in der Sakristei. Das flache Relief zeigt eine streng symmetrische Gliederung, die von dem drohenden Blick der weit geöffneten Augen beherrscht wird.

Kostbarstes Ausstattungsstück der Stadtkirche ist der berühmte Cranach-Altar. Nach alter Überlieferung erfolgte seine Weihe gerade an dem Tag, an dem das Heer der Protestanten bei Mühlberg vernichtend geschlagen wurde. Die mittlere Tafel stammt vermutlich aus den Dreißigerjahren des 16. Jahrhunderts und von Cranach d. Ä. Die später entstandenen beiden Seitenflügel und die Predella werden Lucas Cranach d. J. zuge-

Stadtkirche St. Marien

Relief an der Südseite von St. Marien

schrieben. Das Gesamtkunstwerk ist bildhafter Ausdruck der neuen Lehre Luthers, die nur noch die Taufe (links), das Abendmahl (Mitte) und die Buße (rechts) als heilige Sakramente gelten ließ. Der Betrachter wird in die Welt des 16. Jahrhunderts entführt. In den eigentlich biblischen Szenen tauchen die Wittenberger Reformatoren auf.

Die ausgezeichnet ausgeführten Porträts geben Einblick in die Psyche der Personen. Die Reformatoren verstanden sich als Glieder der christlichen Kirche und ließen sich demzufolge in Ausübung kirchlicher Handlungen darstellen. Das linke Bild zeigt Philipp Melanchthon bei der Taufe. Auf dem sonst so ernsthaften Gesicht findet sich, in Anbetracht des hilflosen Kindskörpers auf seinem linken Arm, ein gütiges Lächeln. Neben dem Taufbecken stehen die Paten, von denen Lucas Cranach d. Ä. hilfreich das Handtuch bereithält. Auch Kurfürst Friedrich der Weise ist abgebildet, die aufgeschlagene Bibel in der Hand, als Bekenntnis seiner Anteilnahme am reformatorischen Gesamtwerk.

Als Beichtvater agiert auf dem rechten Bild Johannes Bugenhagen, nach Simon Heyns der zweite protestantische Pfarrer der Stadtkirche. Bugenhagens Gesichtszüge sind ruhig und klar, voll Verantwortungsbewusstsein. Sein Blick ist auf ein inneres festes Ziel orientiert. Verständlich, dass ihm seine Gemeinde Vertrauen entgegenbrachte. Sein Grabmal befindet sich am südlichen Pfeiler der Altarraumöffnung.

Das mittlere Bild zeigt, ellipsenförmig angeordnet, die (innerlich erregten) Teilnehmer des Abendmahls: Auf der linken Seite bekommt Judas von Jesus einen Bissen in den Mund geschoben – Physiognomie und prall gefüllter Geldbeutel markieren den Verräter. Weiter rechts reicht Cranach d. J. in der Rolle des Mundschenks einen Becher Wein an Martin Luther, der hier mit dem Vollbart des Junkers Jörg gezeigt wird. In der Runde der Jünger will man weitere prominente Bürger der Reformationszeit entdeckt haben, die allerdings nicht eindeutig zu benennen sind. Links neben Luther glaubt man Hans Lufft, den ersten Drucker der Gesamtbibel, zu sehen.

Das Gemälde der Predella zeigt den predigenden Martin Luther. Mit ausgestrecktem Arm weist der Reformator in Richtung des gekreuzigten Jesus, der symbolhaft in der Mitte, also zwischen Prediger und Gemeinde, dargestellt wird. In der ergriffen lauschenden Zuhörergruppe erblickt man Luthers Frau Katharina und den kleinen Sohn Hans, im Hintergrund (an der Wand stehend) noch einmal Lucas Cranach d. Ä. und dahinter Caspar Cruziger.

Die aus der Werkstatt Lucas Cranachs d. J. stammenden Gemälde auf der Altarrückseite bleiben qualitativ und inhaltlich etwas zurück. Während der Umbauten im neugotischen Stil wurden sie zugemauert und erst 1883 wieder freigelegt. Die mittlere Tafel zeigt Christus als Sieger über Tod und Teufel. Weitere Motive sind die Opferung Isaaks und die Aufrichtung der ehernen Schlange aus dem alten Testament. Die Predellenrückseite mit einer Auferstehungsszene wurde stark beschädigt.

Unter den zahlreichen Epitaphien und Steinbildern, die bei der Renovierung von 1928 teilweise neue Aufstellungsorte erhielten, sind zwei besonders bemerkenswert. Links vom Altar ziert ein Alabasterrelief mit der Grablegung Christi das Epitaph Lucas Cranachs d. J. Es wurde 1606 von dem Dresdner Bildhauer Sebastian Walter geschaffen. In der Südostecke des Altarraums zeigt das Epitaph für Paulus Eber, dem Nachfolger Bugenhagens, ein bemerkenswertes, inhaltlich brisantes Gemälde des jungen Cranachs: den „Weinberg des Herrn". Das Motiv entspringt der harten Polemik, die zwischen den Protestanten – hier in Gestalt der Wittenberger Reformatoren als „gute Arbeiter" – und dem päpstlichen Klerus, dem der Weinberg verwildert und verdorrt, ausgetragen wurde. Mit weiteren Epitaphien wurde des in der Stadtkirche beigesetzten Rektors Martin Pollich und des Druckers Hans Lufft gedacht.

Zum Bau der neuen Orgel 1983 wurden Teile des alten Prospektes verwendet. Regelmäßig finden in der Stadtkirche Konzerte statt.

Der Kirchplatz

Gymnasium

Bis etwa 1530 trennte nur eine Reihe sogenannter Buden den Markt vom Kirchplatz, der heute an drei Seiten von Häusern begrenzt ist. Im Norden bildet die Jüdenstraße den Abschluss. Um den Platz gruppierten sich mehrere Schulen. Das Haus Jüdenstraße 38 war die alte Wittenberger Lateinschule, später Gymnasium. Das 1564 anstelle eines Vorgängerbaus errichtete Gebäude wurde 1828 aufgestockt; seit 1888 dient es gewerblichen Zwecken.

Inschriftentafeln erinnern an den Aufenthalt bekannter Persönlichkeiten: Der aus Königsberg stammende Dichter Simon Dach (1605-1659) erweiterte in Wittenberg seine Lateinkenntnisse und studierte die griechische Sprache. Friedrich Brandt (1802-1879), ein aus Jüterbog stammender Naturforscher, erlebte hier seine Gymnasialzeit. Nach der Promotion in Berlin wurde der junge Gelehrte durch Alexander von Humboldt nach St. Petersburg empfohlen. Über ein Dutzend Tiere tragen in ihrem lateinischen Namen auch den Brandts. Johann Gottfried Galle (1812-1910), der spätere Astronom, war ebenfalls Gymnasiast in Wittenberg. Nachdem bereits der Franzose Leverrier die Bahn eines Planeten außerhalb des Saturns berechnet hatte, konnte Galle diesen in der Nacht vom 23. zum 24. September 1846 tatsächlich entdecken.

Bugenhagenhaus

Das Haus Kirchplatz 9, östlich von St. Marien, wurde für Dr. Johannes Bugenhagen als Dienstwohnung gebaut. Neben Martin Luther und Philipp Melanchthon gehört er in die Reihe derer, die für das Gedeihen der Reformation wirkten.

Der am 24. Juni 1485 im pommerschen Wollin geborene Bugenhagen studierte in Greifswald Griechisch und Latein und wurde Rektor der Stadtschule in Treptow an der Rega. Die Lehren des Erasmus von Rotterdam brachten ihn der Theologie näher; seine Sympathien für die Wittenberger Reformation führten ihn 1521 in die Elbestadt. Dort brachte es Bugenhagen zu großen Ehren: Ab 1523 predigte er als Pfarrer der Stadtkirche, wurde Universitätslehrer und schließlich Generalsuperintendent des Kurkreises. Besondere Verdienste erwarb er sich im Bildungswesen.

Dem Weitertragen des reformatorischen Gedankenguts widmete er besondere Aufmerksamkeit und viel Zeit. Gerade in seiner norddeutschen Heimat und in Skandinavien kam die Reformation dank Bugenhagen gut voran. So schuf er die neuen Kirchenordnungen für Braunschweig, Hamburg, Schleswig, Holstein, Lübeck, Pommern und Danzig, für Dänemark und Norwegen.

Am 20. April 1558 starb Bugenhagen in Wittenberg und wurde in der Stadtkirche beigesetzt. 1894 schuf der Berliner Bildhauer Janensch das Denkmal, das vor dem Nordportal der Stadtkirche den Reformator ehrt. Johannes Bugenhagens Wohnhaus in der Neustraße ist heute nicht mehr erhalten.

Das Bugenhagenhaus am Kirchplatz erfuhr durch Umbauten 1605 und 1731/32 starke Veränderungen. Seit 2007 nutzt das nun von Grund auf denkmalgerecht sanierte Haus die Evangelische Stadtkirchengemeinde als Begegnungs- und Kommunikationszentrum.

Fronleichnamskapelle

Neben der Bestattung im Kellergewölbe der Kirche, wo die Sarkophage in drei, vier Reihen übereinander angeordnet lagen, erfolgten die Beisetzungen auf dem Kirchhof, der bis Ende des 18. Jahrhunderts als Friedhof diente. Um die bei feierlichen Beisetzungen üblichen reichen Gaben entbrannte heftiger Streit. Üblicherweise standen diese Pfründe dem Franziskanerkloster zu, doch selbstbewusste Wittenberger gründeten eine Bruderschaft, die vor allem die Begräbnisse reicher Bürger übernahm. Als Stifter der 1368 errichteten Kapelle gilt der wohlhabende Bürger und Ratsherr Konrad Wynman. Am Schlussstein eines Bogens im Kapelleninneren findet sich sein Wappen. 1456, nach einer Zerstörung des Bauwerks, ermöglichte ein gewisser Georg Zülsdorf den Neuaufbau. Im Osten wird das Backsteingebäude durch einen einfachen dreiseitigen Chor abgeschlossen, im Westen erhebt sich ein schlankes achteckiges Türmchen.

Stadtkirche und Begräbniskapelle tragen an ihren Außenwänden Grabsteine, die von der Einebnung des Friedhofs stammen. Auf dem Friedhof wurden Familienangehörige Luthers, Melanchthons, Schurffs und anderer Persönlichkeiten der Reformationszeit beigesetzt. Begräbnisgottesdienste fanden in der Kapelle bis 1772 statt. Sie beherbergte eine Zeit lang eine kirchliche Gemäldesammlung, später – von 1913 bis 1928 – das Heimatkundemuseum. Heute wird sie wieder kirchlich genutzt.

Judengedenkstätte

Im November 1988, fünfzig Jahre nach der berüchtigten Reichskristallnacht, wurde in das Kopfsteinpflaster des Kirchplatzes, unmittelbar am südöstlichen Chor, eine Gedenkplatte eingelassen, die nicht nur an das unsagbare Leid der Juden im Dritten Reich erinnert, sondern an über Jahrhunderte hinweg begangene Untaten mahnt. Die Inschrift lautet:

„GOTTES EIGENTLICHER NAME
DER GESCHMÄHTE
SCHEM-HA-MPHORAS
DEN DIE JUDEN VOR DEN CHRISTEN
FAST UNSAGBAR HEILIG HIELTEN
STARB IN SECHS MILLIONEN JUDEN
UNTER EINEM KREUZESZEICHEN“

Die Stelle ist nicht zufällig gewählt worden: Oberhalb der Bronzeplatte befindet sich in Höhe des Dachgesimses der Kapelle die Darstellung einer sogenannten „Judensau“. In obszöner Weise werden dort jüdische Menschen, erkennbar an ihren spitzen Kappen in intimster Beziehung zu dem für sie unreinen Schwein dargestellt.

Rechts: Fronleichnamskapelle mit dreiseitigem Chor

Als Schmäh- und Spottbild war die „Judensau" bereits seit dem 12. Jahrhundert in Europa verbreitet. Die Wittenberger Darstellung datiert aus dem Jahre 1304. In jenem Jahr – und dann noch einmal 1440 – kam es zur Austreibung der Juden aus der Stadt, rund vierzig Jahre bevor sie „überall in deutschen Landen erschlagen und verbrannt" wurden. Die Inschrift „Rabini Schem-Ha-Mphoras" gilt nach Helmar Junghans bei den kabbalistischen Rabbinern als „ausgelegter Name Gottes" und als Zauberformel. Auch Luther polemisierte gegen die seiner Meinung nach abergläubigen „Lügen" der Juden, lehnte aber Gewaltanwendung ab. Das Mahn- und Bußzeichen, das durch die evangelische Gemeinde gesetzt wurde, bringt die Greueltaten des Mittelalters mit denen des Dritten Reiches in Verbindung. Die Erde hebt sich: „AUS DER TIEFE RUFE ICH, HERR, ZU DIR", heißt es auf hebräisch.

Die Judengedenkplatte auf dem Kirchplatz

Der Wittenberger Marktplatz beeindruckt durch sein über Jahrhunderte gewachsenes und doch harmonisches Bauensemble auf großzügig bemessenem Terrain. Die Nordseite dominiert die Fassade des Renaissance-Rathauses. Auf der großen Freifläche davor stehen wirkungsvoll die Denkmäler Martin Luthers und Philipp Melanchthons sowie der Marktbrunnen. Nach Osten, Süden und Westen übernehmen Bürgerhausfassaden mit manchem entdeckenswerten Detail die Begrenzung des Platzes, an der Ostseite zudem von den beiden Türmen der Stadtkirche St. Marien überragt.

Das Rathaus

Kenner rechnen das Rathaus zu den schönsten im mitteldeutschen Raum. Seine deutlich gegliederte Fassade weist die Merkmale dreier Stilepochen auf. Während vor allem die Gardinenfenster der ersten beiden Geschosse noch spätgotisch geprägt sind, künden Zwerchgiebel und Gesimsleisten von der eigentlichen Entstehungszeit, der Renaissance. Das erst 1573 ergänzte Gerichtsportal trägt bereits üppigere Dekors, als Ankündigung des Barock. Der Altan ist an der Südfassade außermittig angesetzt, was die etwas strenge Symmetrie der Fassadengestaltung wirksam auflockert. Insgesamt verleiht die Verwendung weniger Schmuckmotive dem Gebäude die Ausstrahlung selbstbewusster Kraft und Gediegenheit.

Ein bereits 1317 (und dann nochmals 1385 und 1393) genanntes Rathaus lässt sich heute nur noch schwer lokalisieren. Wahrscheinlich war es mit einem Kaufhaus identisch, das sich südlich des heutigen Rathausbaus befunden haben muss. 1521 begannen die Vorbereitungen für den Neubau. Über zwanzig Hausstellen mussten aufgekauft und abgerissen werden, bevor die Grundsteinlegung am 11. Mai 1523 stattfinden konnte. Die Ausführung zog sich lange hin, wohl aus Geldmangel. Lucas Cranach d. Ä., dessen Werkstatt an den Innenarbeiten beteiligt war, streckte finanzielle Mittel vor und half, das Projekt voranzubringen. 1535 konnten die Arbeiten schließlich abgeschlossen werden, im Inneren erst 1541.

Das Gebäude wurde in der Folgezeit vielseitig genutzt. Neben administrativen Zwecken erfüllte es auch kommerzielle – eine damals durchaus übliche Rollenverteilung. Am Westende des Kellergeschosses befand sich der Ratskeller, östlich davon bestanden zwei Gefängnisse. Das westliche Erdgeschoss nutzte der Kellerwirt zum Wohnen. Im Norden waren die Spritzenkammer, die Mehlwaage, weitere Gefängnisse, die Marktmeisterwohnung und die Ratswaage

Hauptportal des Rathauses

untergebracht. In der Gebäudemitte lag der tonnengewölbte „Caspar“, ein Gefängnis mit Folterkammer. Östlich davon war die Salz-Schank-Stube eingerichtet. Das erste Obergeschoss diente vornehmlich der Repräsentation. Ratsarchiv und Ratssitzungsstube befanden sich im Westen, den östlichen Teil dieses Geschosses füllte der große Bürgersaal, in dem Tuchmacher und Schuster ihre Waren feilboten. Im großen Saal des zweiten Geschosses hielten die Kürschner feil. Sie waren dem Fiskus am nächsten, denn neben ihnen fanden sich die Steuer- und die Akzisestube sowie die Stadtschreiberei. Auf dem Dachboden lagerte Getreide aus den Steuerabgaben der Ratsdörfer.

Denkmal Philipp Melanchthons

Die Sparsamkeit in der Bauphase sollte sich offensichtlich rächen, denn 1563 wurde berichtet, dass das Rathaus „eingegangen und in Haufen gefallen“ sei. Erst sieben Jahre später begann der Wiederaufbau, der bis 1573 andauerte. Aus diesem Jahr stammt der bereits erwähnte Altan, ein Werk des Torgauer Bildhauers Georg Schröter. Vom Vorzimmer des Bürgermeisters aus ist der Balkon zu betreten. Manches Urteil wurde von ihm verkündet, während vom Dachreiter das Armesünderglöckchen läutete.

Ab 1441 besaß Wittenberg die hohe Gerichtsbarkeit, was die den Altan bekrönende Justitia symbolisiert. Sie ist von allegorischen Gestalten umgeben: Glaube und Weisheit (Süden), Liebe und Hoffnung (Osten), Tapferkeit und Geduld (Westen). Seitlich der Balkonsäulen finden sich die Verkörperungen von Religion und Frieden. Sinnsprüche mahnen die Ergebenheit vor der Obrigkeit an, die von Gott verordnet sei, wie beispielsweise: „Fürchte Gott, ehre die Obrigkeit und sei nicht mit den Aufrührern.“ Für den Fall, dass das einmal nicht befolgt werden würde, hatten die Oberen vorgesorgt: Eine Geheimtreppe führte von der Ratsstube bis zum Stadtkeller.

Vor dem Rathausportal fand manch aufsehenerregende Hinrichtung statt, die letzte 1761. Im Stadtarchiv bewahrte man neben anderen spektakulären Schaustücken auch die abgeschlagene Hand der Susanne Zimmermann auf. Nachdem diese ihre sieben Stiefkinder vergiftet hatte, wurde sie auf einer Kuhhaut durch die Stadt geschleift und am 26. Oktober 1728 hingerichtet. Vier quadratische Pflastersteine bezeichnen noch heute den Aufstellungsort des Schafotts.

Renaissance-Rathaus vor der Sanierung 2007

Nachdem das Rathaus 1760 als Lazarett dienen musste, war es für eine generelle Instandsetzung reif, die dann auch 1768 erfolgte. 1926 bis 1928 wurde das gesamte Innere neu ausgebaut – nicht ohne Preisgabe architektonischer Details. Am Außenbau wurden zwar sämtliche Giebel erneuert, aber die Umfassungsmauern blieben erhalten. So konnte durch ein kluges denkmalpflegerisches Konzept der originale Eindruck aus dem 16. Jahrhundert erhalten werden.

Seit Ende 2006 erstrahlt der Eingangsaltan von 1573 in neuem Glanz. Auch die Texte am Portal sind in Gold erneuert.

Das Rathausgebäude beherbergt die Dauerausstellung „Christliche Kunst im 20. Jahrhundert", initiiert vom Stifterehepaar Dr. Gisela Meister-Scheufelen und Dr. Ulrich Scheufelen. Zu sehen sind vor allem Werke deutscher Expressionisten, aber auch neuzeitlicher Künstler. Am umfangreichsten widmet sich die Ausstellung dem Schaffen von Max Beckmann, Marc Chagall, Otto Dix sowie Max Pechstein.

Denkmale Luthers und Melanchthons

Mit 2,85 Metern überlebensgroß schaut der Reformator vom Granitsockel herab. Baren Hauptes, im weiten Talar, hält er in der linken Hand die aufgeschlagene Bibel. Karl Friedrich Schinkel urteilte 1824: „Der Kopf ist recht schön im Charakter und gut ausgeführt, das ganze Monument dem Platz angemessen von angenehmer Wirkung." Martin Luther ein Denkmal zu setzen, beabsichtigte 1804/05 zunächst die Vaterländisch-literarische Gesellschaft der

Grafschaft Mansfeld. König Friedrich Wilhelm III. wünschte die Aufstellung in Wittenberg. Personen von Rang und Namen reichten Entwürfe ein, unter ihnen Schinkel, der eine große Halle von 50 Fuß Höhe mit einer Statue darin plante. Nach seiner Meinung wurde die Welt mit der einfachen Figur „abgespeist", die Johann Gottfried Schadow 1805 entwarf.

Die Kriege von 1806/07 und 1812/13 verzögerten die Ausführung. Erst 1817 konnte der Grundstein gelegt werden. Bis zur feierlichen Enthüllung sollten noch einmal vier Jahre vergehen, sie fand am 31. Oktober 1821 statt. Schinkel selbst kam am Ende doch zum Einsatz. Er entwarf Sockel und Baldachin und empfahl auch den Aufstellungsort. Ein 1823 ergänztes Schutzgitter wurde 1928 wieder entfernt.

Westlich von Luthers Standbild befindet sich das Melanchthon-Denkmal, dessen Baugeschichte sich nicht ganz so langwierig gestaltete. 1858 erging der Auftrag an Friedrich Drake; zwei Jahre später, zum dreihundertsten Todestag des berühmten Professors, legte man den Grundstein. 1865 erfolgte die Einweihung des Denkmals. Den Baldachin entwarf Johann Heinrich Stracks in Anlehnung an die Schinkelsche Gestaltung. Barhäuptig und im Talar wie Luther steht Melanchthon, in der rechten Hand die Rolle des Augsburgischen Glaubensbekenntnisses. 1948 waren die Baldachine der beiden Denkmale so stark verwittert, dass sie geklammert und schließlich 1966/67 in Lauchhammer nachgegossen werden mussten.

Der Marktbrunnen

Südwestlich des Rathauses befindet sich der Marktbrunnen. Einer der insgesamt vier Giebel zeigt das Wappen Wittenbergs, an einem anderen findet sich die Inschrift: „Anno 1617 mense julio ..." (Im Jahre 1617 im Monat Juli ist dieses Bauwerk auf Kosten des Rates und der Nachbarn aufgerichtet worden.) Wer keinen eigenen Röhrwasseranschluss hatte, konnte sich an dieser Stelle mit Wasser versorgen.

Bürgerhäuser

Unter den Bürgerhäusern, die den Marktplatz säumen, findet sich manches bemerkenswerte Exemplar aus Wittenbergs Blütezeit, der Renaissance. Die besonders prächtigen Giebelkonstruktionen an den Häusern Markt 23 und 25 korrespondieren mit der Gestaltung des Rathauses. Vieles ging leider bei den Belagerungen von 1760 und 1813 verloren, wurde später wieder ergänzt oder völlig neu gestaltet. Manche späte Bausünde führte zu weiteren Einbußen, so 1966/67, als es zu einer rigorosen Vereinfachung der Hausfassaden am Marktplatz kam.

Ungeachtet solcher Veränderungen künden die Gebäude von ihren einstigen Besitzern oder Mietern. So wurde das Haus Markt 3 vermutlich um 1533 von dem Buchhändler und Verleger Christoph Schramm (gest. 1549) erworben, der neben fundierten verlegerischen Fähigkeiten auch beachtliche wirtschaftliche Erfolge vorweisen konnte. Er zählt zu den drei Wittenberger Bürgern, die Martin Luthers Gesamtbibel 1534 herausgebracht hatten. Sein Kapital legte Schramm in Grundstücken, Weinbergen und im Bergbau an, um es dort arbeiten zu lassen.

Ganz in der Tradition Cranachs und Schramms stand auch Samuel Selfisch (1529-1615). Dieser erwarb das Gebäude mit viel Nebengelass 1564 und betrieb von dort aus ein kleines Imperium, das alle Stationen der Buchproduktion – von der Papierherstellung und dem Handel mit dieser Rohware über Drucken, Binden bis hin zum Vertrieb – umfasste. Filialen in Leipzig und Frankfurt/Main waren wichtige Stützpunkte für den europaweiten Buchhandel Selfischs. Darüber hinaus fühlte er sich durchaus seiner Stadt verpflichtet und dachte sozial. 1569 in den Rat gewählt, wurde Selfisch 1585 Bürgermeister. Seine testamentarischen Stiftungen halfen die Armut in der Stadt zu verringern.

Das benachbarte Haus Nummer 4 bewohnte der Gründungsrektor der „Leucorea“ Martin Pollich aus Mellrichstadt. Er begründete darin eine Apotheke. Wahrscheinlich 1507 erwarb dann Lucas Cranach das Gebäude (mehr dazu im Kapitel „Cranachhäuser und -höfe“).

Während der Vorbereitungen auf das Lutherjahr 1983 stellte man auch eine reizvolle Hofanlage aus dem 16. Jahrhundert wieder her. Der Durchgang im Haus Markt 6 führt direkt dorthin, auf den sogenannten Beyerhof, benannt nach dem Dekan und Mitglied der juristischen Fakultät Christian Beyer (1503-1535). Er stieg zum Bürgermeister und kurfürstlichen Kanzler auf. 1530 trug er Kaiser Karl V. die „Augsburger Konfession“ in deutscher Sprache vor. Nach einem Brand im Jahre 1512 konnte Beyer eines der stattlichsten Bürgerhäuser am Markt errichten lassen.

Während die Hauptfassade dem Beschuss von 1813 zum Opfer fiel, gibt es auf dem Hof viel Authentisches zu sehen. Besonders bemerkenswert ist der schlanke Wendelstein, über den man in die oberen Geschosse gelangt. Die hölzernen Umgänge an der Westseite führten einst zu Unterkünften für Studenten. Eine Wandnische bewahrt ein Relief des „Fahnenritters“ aus der Cranach-Werkstatt. Für Kurfürst Johann Friedrich I. angefertigt, konnte dieser es nach seiner Gefangennahme bei Mühlberg nicht mehr in Augenschein nehmen. Lange Zeit lag es im Schuppen und wurde später am Treppenhaus der Schlossstraße 1 eingemauert, wo es allmählich verwitterte.

Der Beyerhof (Markt 6) aus dem 16. Jahrhundert

Cranachhäuser – Cranachhöfe

Er war eine der vielseitigsten Persönlichkeiten der Reformationszeit: Lucas Cranach d. Ä. (1472-1553). Die Wittenberger lobten ihn als künstlerisch ebenbürtig mit Albrecht Dürer. Luther schätzte Cranach als Geschäftsmann und als Mensch. So war dieser dann auch bei Martin Luthers spektakulärer Hochzeit anwesend und stand Pate bei der Taufe des ersten Sohnes. 1522, unmittelbar nach Luthers Rückkehr aus dem Exil, hatte Cranach eine Ehrengabe des Rates bewirkt, die aus Bargeld, Tuch für eine neue Kutte und Wein bestand. Und es war Cranach, der das Neue Testament und den Großen Katechismus Luthers illustrierte und den Reformator porträtierte.

Über die frühen Jahre des 1472 im fränkischen Kronach geborenen Lucas ist wenig überliefert. Durch seine 1502 bis 1504 in Wien entstandenen Gemälde erregte er Aufsehen und wurde 1505 durch Friedrich den Weisen „zu dienst inngenommen". Cranachs neuer Landesvater galt als kunstinteressiert; seine Kulturpolitik zeugte von einem sicheren Gefühl für Qualität und Leistungsvermögen der für Einzelaufträge verpflichteten Künstler.

Neben Arbeiten zur Ausgestaltung von Schloss und Schlosskirche waren dekorative Aufgaben, Restaurierungsaufträge, Ausbesserungsarbeiten oder gar diplomatische Missionen zu erwarten. Darüber hinaus bot der Hof Friedrichs Gelegenheiten, sich mit auswärtigen prominenten Künstlern auszutauschen.

Als besoldeter Hofmaler Friedrichs erhielt Cranach einhundert Gulden Jahreseinkommen, was dem Gehalt eines Universitätsprofessors entsprach. Außerdem sollte der Meister für jedes Werk einzeln entlohnt werden und Aufwendungen zusätzlich erstattet bekommen. Somit war die Existenz Cranachs gesichert und konkurrenzlos.

Um das riesige Aufgabengebiet bewältigen zu können, musste er einen Werkstattbetrieb einrichten. Dessen hohe Effizienz erforderte eine Beschränkung des Meisters auf die Rolle eines Art Director: Cranach lieferte die meisten künstlerischen Ideen und Entwürfe und überließ die Ausführung seiner Werkstatt. Er war jedoch wohl darauf bedacht, jede individuelle künstlerische Formensprache zu unterbinden, um das Gesamtkonzept nicht zu gefährden. Diese Verfahrensweise macht es heute schwer, zwischen den Werken des Meisters selbst und denen seiner Schule zu unterscheiden.

Neben der Anfertigung von Gemälden, Kupferstichen, Holzschnitten und Medaillen befasste sich die Cranach-Werkstatt mit Zimmerausmalungen und Kirchenausstattungen. Sie gestaltete die Schlösser in Wittenberg, Torgau und Coburg aus und kreierte auch die Mode, die bei Hofe getragen wurde. Cranachs Schüler rivalisierten schließlich an Standes- und Selbstbewusstsein mit den Studenten der Universität.

Die Reformation hat Cranach wohl weniger künstlerisch beeinflusst, vielmehr lieferte sie ihm ein schier unerschöpfliches Aufgabengebiet. Sein persönlicher Stil wandelte sich im Laufe der Jahre. Während sein frühes Schaffen noch leidenschaftlich individuell geprägt war, wurde es später eher ruhig und ausgeglichen. Von Cranach d. Ä., der über vierzig Jahre in Wittenberg lebte, haben sich dort nur zwei großformatige Werke erhalten: das Abendmahlsbild in der Stadtkirche St. Marien und die „Zehn-Gebote-Tafel" im Lutherhaus.

1508 verlieh Friedrich der Weise seinem Hofmaler als Zeichen persönlicher Wertschätzung ein Wappen, „darinnen eine schwarze Schlange, hebend in der Mitte zwei schwarze Fledermausflügel, auf dem Haupt eine rote Krone und in dem Mund ein

Cranachhaus Markt 4

gülden Ringlein, darinnen ein Rubinsteinlein, und auf dem Schild einen Helm". Dreißig Jahre – von 1519 bis 1549 – wirkte Cranach als Ratsherr und wurde dreimal (1519, 1540 und 1543) zum Bürgermeister gewählt. Der äußerst vielseitig veranlagte Mann agierte als Drucker und Verleger, wurde durch das Verleihen von Geld zum Privatbankier und war 1528 mit rund 4 000 Gulden Grundbesitz zweitreichster Bürger der Stadt.

Siebenundsiebzigjährig folgte er dem Kurfürsten Johann Friedrich auf dessen Ruf in die Gefangenschaft und anschließend in dessen neue Residenz Weimar. Dort starb am 16. Oktober 1553 der bis zuletzt unermüdlich tätige Hofmaler und wurde auf dem St.-Jakob-Kirchhof beigesetzt.

Markt 4

Die direkt gegenüber dem Rathaus gelegenen Grundstücke Markt 3 und 4 erwarb Cranach nach heutigen Erkenntnissen 1512, dem Jahr, in dem er wahrscheinlich geheiratet hatte und mit seiner Familie an den Markt zog. Dort baute er die erfolgreichste Malwerkstatt seiner Zeit auf. Um 1517/18 verkaufte er die Anwesen wieder, vermutlich, weil sie für die wachsende Werkstatt zu klein wurden. 1522 erwarb er die Immobilie Markt 4 zurück und richtete darin die mit seinem Geschäftspartner Christian Döring gegründete Druckerei ein. Unter anderem verlegte und illustrierte er das Neue Testament Martin Luthers in deutscher Sprache.

Cranach-Bronzeplastik

Das Gebäude gilt als das Geburtshaus Lucas Cranachs d. J., der es im Schatten seines berühmten Vaters dennoch zu künstlerischer Eigenständigkeit brachte. Besonders in der Porträtmalerei zeichnet sich sein Stil durch starke, individuelle Züge aus. Mustergültig ist sein Gemälde „Weinberg des Herrn" (Stadtkirche). Nach dem Weggang des Vaters leitete er den Werkstattbetrieb erfolgreich weiter. Wie sein Vater beteiligte sich auch der junge Lucas an städtischen Projekten wie dem „Alten Jungfernröhrwasser", wurde siebenmal zum Ratsherrn gewählt, wirkte viermal als Stadtkämmerer und 1565/66 als Bürgermeister.

1533 bis 1535 erfuhr das Gebäude Markt 4 eine durchgreifende Erneuerung. Der gewölbte Längsflur im Erdgeschoss und die Fenstergewände stammen noch aus der Cranachzeit. Ab 1541 besaß das Haus der Schwiegersohn Lucas Cranachs d. Ä., Caspar Pfreundt (1517-1574), der darin eine Apotheke betrieb und dem die Hofanlage zuzuschreiben ist.

Der Rokokostil prägte die Neugestaltungen um das Jahr 1771: Das dritte Obergeschoss wurde aufgestockt und das untere Dachgeschoss ausgebaut. Weitere Veränderungen im 19. und 20. Jahrhundert haben dazu geführt, dass über die Raumaufteilung zur Cranachzeit meist nur noch spekuliert werden kann. Während der umfangreichen Restaurierung des Ensembles ab 1995 wurden wertvolle Renaissancemalereien an Decken und Wänden entdeckt.

Ehemalige Malwerkstatt im Cranachhof Schlossstraße 1

Die Cranach-Stiftung präsentiert in den Räumen des Erdgeschosses und der ersten Etage die Dauerausstellung „Lucas Cranach d. Ä. – Seiten eines Künstlerlebens“. Eine original nachgebaute Druckerpresse sowie weitere Utensilien erinnern an die Jahre, in denen in dem Haus gedruckt wurde. Der Besucher wird mit Zeitgenossen Cranachs vertraut gemacht, erblickt in der „Schatzkammer“ originale Werke des Meisters bzw. aus seiner Epoche und bekommt in einer Medienstation einen Einblick in Leben und Werk der vielseitigen Persönlichkeit. Die Exponate im ersten Obergeschoss informieren über Cranach als Immobilienbesitzer, als Betreiber einer Apotheke und eines Weinausschanks. Der Hof dieses Cranachhauses ist ein lebendiger Ort für Handwerk, Handel und Kommunikation geworden.

Schlossstraße 1

Um 1518 erwarb Lucas Cranach d. Ä. das größte bebaute Grundstück der Stadt, die Schlossstraße 1. Hier richtete er eine Apotheke ein. Das Privileg dafür erhielt er 1520 und sicherte sich so die Monopolstellung des Handels mit Gewürzen, Konfekt, Zucker, Wachs und anderem. Es war eine Quelle für Cranachs sich mehrenden Reichtum und Anlass für Neid und Missgunst seitens seiner Zeitgenossen. Zwar existieren schon für das Jahr 1512 Hinweise auf Weinhandel, doch mit dem Apothekenprivileg wurde der Verkauf von Süßweinen ausdrücklich erlaubt.

1540 ließ Cranach d. Ä. Haus und Anwesen nach seinen Vorstellungen umbauen. Das Vorderhaus diente als Wohnung, der sich dahinter erstreckende östliche Seitenflügel zunächst wohl als Werkstattgebäude. Wenige Jahre später entstand der Südflügel für die Malwerkstatt. Dieser Querbau besaß ein großes Tor, durch das die in der Cranach-Werkstatt gefertigten Altartafeln unzerlegt abtransportiert werden konnten. Nach dem Weggang seines Vaters führte Lucas Cranach d. J. (1515-1586) die Malwerkstatt fort und übernahm umfangreiche Aufträge für die Fürstenhöfe in Weimar, Dresden, Dessau und Berlin.

Der Lauf der Zeit hat ein eher diffuses bauhistorisches Bild hinterlassen: Mittelalterlichen Ursprungs sind vor allem Teile des Vorderhauses längs der Schlossstraße, der Kern des ersten Anbaus zur Elbstraße und der Rest eines Turms des ehemaligen Elbtores. Nachdem das Anwesen in den Besitz Cranachs d. J. gekommen war, fanden im späten 16. Jahrhundert einige Umbauten statt. Zwei in dieser Zeit errichtete Zwerchhäuser auf der Traufenseite wurden aber bei der Belagerung von 1760 zerstört. 1773 erfolgten Erneuerungsarbeiten.

1799 zog die „Churf. Sächs. Privil. Apotheke zum Adler“ ein, auf die das Adlerrelief an der Nordostecke verweist. Zuvor war die Einrichtung im Gebäude Markt 4 untergebracht. Ein drittes Obergeschoss erhielt das Vorderhaus erst 1830. Nach schweren Brandschäden 1871 gab es weitere bauliche Veränderungen. Dabei wurde das Durchfahrtsportal an das Westende des Hauses verlegt.

Schmale Fachwerkbauten bilden die Westseite des langgestreckten Hofes. Wahrscheinlich erst um das Jahr 1800 entstanden, dienten sie als Remise und auch als Wohnraum. In der Hofmitte befindet sich ein Röhrwasserbrunnen.

Ende November 2005 wurde eine lebensgroße Cranach-Bronzeplastik des niedersächsischen Bildhauers Frijo Müller-Beleck vor der Malerwerkstatt enthüllt. Es handelt sich um die erste Ganzdarstellung des bedeutenden Meisters überhaupt, der damit nun auch, wie schon seine prominenten Wegbegleiter, in dieser Form im Stadtbild Wittenbergs präsent ist.

Historische Druckerstube im Cranachhof

Schlossstraße

Die schweren Beschießungen der Stadt in den Jahren 1760 und 1813 haben gerade in den westlich gelegenen Straßenzügen die mittelalterliche Bausubstanz fast restlos zerstört. Doch an mancher Hausfassade finden sich, ähnlich wie in der Collegienstraße, Hinweise auf interessante Persönlichkeiten und damit auf die Wittenberger Stadtgeschichte. In unmittelbarer Nachbarschaft Cranachs, in der Schlossstraße 4, betrieb Christian Döring eine Goldschmiede. Neben seiner Tätigkeiten als Fuhrunternehmer und Händler versuchte er sich auch im Druckgewerbe. Zusammen mit Lucas Cranach d. Ä. gab er die ersten beiden Auflagen des Neuen Testaments Luthers heraus.

Als sich die Konjunktur änderte, zog sich Cranach aus dem Geschäft zurück. Dörings Beharren hingegen brachte den Bankrott. Selbst Luther, mit dem der Goldschmied befreundet war, bemerkte, dass diesem Meister „nit zu helffen" sei. Döring verstarb noch im gleichen Jahr (1533). Später kam das Gebäude an Johann Schneidewin (1519-1568), der durch Vermittlung Luthers eine Tochter Dörings heiratete und die Goldschmiede weiterführte. Der hochbegabte Schneidewin wurde später Professor für Recht an der „Leucorea" und einer der berühmtesten Juristen der Reformationszeit.

Dem Herbergsbetrieb ist der, historisch allerdings nicht belegte Aufenthalt Thomas Müntzers in diesem Haus zuzuschreiben. Gesichert ist nur, dass sich Döring um eine Kaplanstelle für Müntzer im nahegelegenen Kemberg bemüht hatte. Bekanntlich gingen die Auffassungen Luthers und Müntzers über den Fortgang der Reformation weit auseinander. Die radikalen Aussagen des Bauernführers ließen Luther misstrauisch werden. Er meinte, „man soll die Geister aufeinander platzen lassen, die Fäuste jedoch stille halten".

Werner von Siemens, Begründer der deutschen Elektrotechnik, wohnte 1839/40 im Gebäude Schlossstraße 26. Sechs Jahre zuvor hatte Wilhelm Eduard Weber zusammen mit dem Astronomen und Mathematiker Gauß die erste telegrafische Verbindung geschaltet. Weber, 1804 in der Schlossstraße 10 geboren, brachte es bereits mit 24 Jahren zum Professor in Halle, wechselte aber bald nach Göttingen. Der bedeutende Physiker bemühte sich insbesondere um ein elektrisches Maßsystem, das in seinen Grundzügen auf einem internationalen Kongress in Paris 1881 angenommen wurde. Nach wurde ist die gesetzliche Einheit des magnetischen Flusses benannt. Mit Rudolf Kohlrausch bestimmte Weber die Lichtgeschwindigkeit aus elektrischen Messungen.

Mehrere Tafeln finden sich am Niederen Schloss, dem früheren Verwaltungssitz des kurfürstlichen Hofes (heute Schlossstraße Nummer 15). Der Aufenthalt Florian Geyers (1490-1525), des späteren Führers der aufständischen Bauern in Franken, ist nicht gesichert. Nach einer Überlieferung soll Geyer 1523 als Marschall des Hochmeisters Albrecht von Brandenburg an dessen Unterredung mit Luther teilgenommen haben.

Der im Niederen Schloss 1533 inhaftierte Pfarrer und Magister Michael Stifel (1487-1567) hatte aus Zahlenkombinationen das Datum und die Stunde des seiner Meinung nach bevorstehenden Weltunterganges vorausgesagt. Luther versuchte vergeblich, ihm diese Weissagung auszureden. Nachdem der Mathematiker sehen musste, dass seine Prophezeihung nicht eintrat, rettete ihn der Kerker vor der aufgebrachten Menge. Luther konnte die baldige Freilassung bewirken. Nach einer ruhigen Zeit als Landpfarrer wurde Stifel Professor in Jena. Er gilt als der Vater des Logarithmensystems.

Der in Wittenberg tätige kurfürstliche Hofrichter Friedrich von Schönberg (1543-1614) machte sich als Verfasser der Schildbürgerstreiche einen Namen. Als Druckort wurde „Misnopotamia“ genannt; vermutlich war damit Meißen gemeint.

Auf der Flucht vor dem Preußenkönig versuchte der angebliche Goldmacher Johann Friedrich Böttger (1682-1719) in Wittenberg als Student unterzutauchen. Doch auch in Sachsen zeigte man großes Interesse an den vermeintlichen Künsten des jungen Mannes. Nach kurzer Schutzhaft im Jahre 1701 wurde Böttger nach Dresden überführt und später auf der Festung Königstein inhaftiert.

Mittelalterliche Gauklereien im Schlossinnenhof

Während der neugotische Turmhelm der Schlosskirche mit weithin zu lesendem Lutherzitat das Stadtbild Wittenbergs festlich prägt, besitzt das Schloss als ehemalige preußische Zitadelle eher ein schlichtes Erscheinungsbild. Vom alten Schloss der Askanier, das aus einem 1180 erwähnten Burgward entstanden ist, weiß man heute sehr wenig, weil davon weder Beschreibungen noch Abbildungen existieren.

Viel bessere Kenntnisse gibt es über Baugeschichte und Ausführung des Schlossneubaus, den Kurfürst Friedrich der Weise veranlasste. Wahrscheinlich Konrad Pflüger, der sich beim Bau der Meißener Albrechtsburg bereits einen Namen gemacht hatte, lieferte die Pläne für das Wittenberger Schloss, das eines der bemerkenswertesten Bauwerke der Frührenaissance im mitteldeutschen Raum werden sollte. Das Neue am Schloss Friedrichs des Weisen war nicht die Regelmäßigkeit der Anlage, sondern die Wohnlichkeit. Die Befestigungswerke wurden in die Außenanlagen eingebunden. Den Innenhof gestalteten zwei Treppenhäuser wirkungsvoll.

Von dem 1489 begonnenen Bau war 1495 der Elbflügel fertiggestellt. Ihm folgten zwei Jahre später der Westflügel und der südwestliche Turm. Mit der Ausgestaltung der Räumlichkeiten betraute Friedrich der Weise die berühmtesten Künstler seiner Zeit. Vor allem die „geschnitzte Stube" und die Bibliothek des weltoffenen Mannes waren sehr repräsentativ gehalten.

Zum ältesten Charakteristikum des Schlosses wurde der von Lucas Cranach d. Ä. 1508 im Bilde festgehaltene Schlosskirchenturm, der aus einem Kranz von Ziergiebeln hoch und schlank aufstieg und in halber Höhe von einem sogenannten Gumpenkranz umgeben war. Bereits 1546 war er nicht mehr vorhanden, als man den Turm im Schmalkaldischen Krieg zur Geschützplattform umfunktionierte. Im letzten Bauabschnitt des dreiflügligen, giebelgeschmückten Hauptschlosses entstand 1515 bis 1525 ein sich östlich anschließendes niedriges Vorschloss, das aber heute nicht mehr vorhanden ist. Bereits nach dem Tod Friedrichs des Weisen verlor das Schloss an Bedeutung, da sein Bruder Johann als Wohnsitz Torgau vorzog. Nach dem Schmalkaldischen Krieg zierten Spitzkuppeln die Türme von Schloss und Schlosskirche. Ihr Aussehen zeigt der große Holzschnitt von 1611, der im Lutherhaus zu sehen ist.

Bei der Beschießung im Siebenjährigen Krieg 1760 brannte der Schlosskirchenturm nieder. Opfer von Flammen wurden auch Dach und Obergeschoss des Schlosses sowie das Kircheninnere. Dem später ergänzten Barockturm war eine noch kürzere Existenz beschieden, nämlich bis zur Belagerung von 1813.

Der Umbau zur preußischen Zitadelle ab 1819, der eine rigorose Beseitigung noch vorhandener Fragmente aus der Entstehungszeit mit sich brachte, besiegelte das Schicksal des Wittenberger Schlosses. Seit 1918 dient die ehemalige Kaserne verschiedenen zivilen Zwecken. Von der historischen Bausubstanz sind heute nur noch die beiden Treppenhäuser in den Hofecken erhalten und erwähnenswert.

Julius-Riemer-Museum

Eine Alternative zum reformationsgeschichtlichen Bildungsangebot in Wittenberg stellt das Julius-Riemer-Museum dar. Kulturen fremder Völker in Übersee stehen im Mittelpunkt der Exposition, die mit spektakulären Schaustücken aufwarten kann. Der Berliner Lederhandschuhfabrikant Julius Riemer (1880-1958) begann bereits als Neunjähriger seine Sammlerlaufbahn. In unermüdlicher Arbeit trug er die Exponate zusammen, die seit 1949 im Wittenberger Schloss zu besichtigen sind, und leitete bis zu seinem Tod selbst das Museum.

Eine große Anzahl heimischer und exotischer Tierarten präsentiert die naturkundliche Abteilung, die sich vor allem mit der Stammesgeschichte der Tiere beschäftigt. Die umfangreiche Primatensammlung des Museums wird in einem neuen Schauraum gezeigt. Eindrucksvolle Präparate stellen Biologie und Entwicklung von Halbaffen, Affen und Menschen dar.

Die völkerkundliche Abteilung gibt in großen Schauräumen Einblicke in die alten Kulturen der Menschen Afrikas (mit Altägypten), Australiens, Ozeaniens und Japans. Komplette Sarkophage, das mumifizierte Haupt der Hofdame Ramses II. und Grabbeigaben sind hier besonders interessant. Aus dem Südseeraum Australiens und Ozeaniens stammen ornithologische Belegstücke, wie der 80 bis 100 Kilogramm schwere Helmkasuar, ein flugunfähiger Vogel aus Neuguinea. Ahnenschädel belegen den Totenkult in jenem entfernten Teil des Erdballs. In Wechselausstellungen zu meist völkerkundlichen Themen erschließen sich den Besuchern auch Bestände aus den Magazinen.

Im Jahre 2002, nach dem Tod Charlotte Riemers, ging das Museum als Erbe in den Städtischen Sammlungen Wittenbergs auf. Diese besitzen nun neben den stadtgeschichtlichen, archivalischen, archäologischen und nachrichtentechnischen Sammlungen auch jene zur Natur- und Völkerkunde.

Grundriss der Schlossanlage

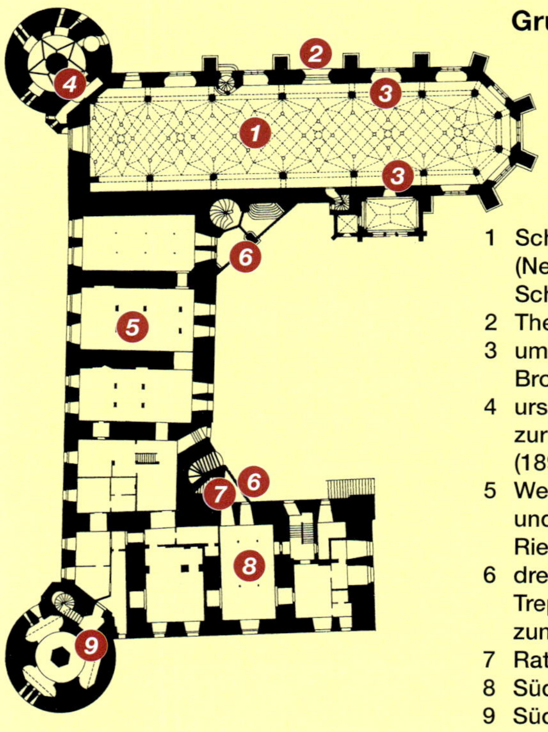

1 Schlosskirche Allerheiligen (Neubau als Nordflügel des Schlosses 1503 geweiht)
2 Thesentür
3 umlaufende Steinempore mit Bronze-Medaillons und Wappen
4 ursprünglich Nordwestturm, später zur Kirche gehörend, 88 Meter hoch (1892 erneuert)
5 Westflügel, beherbergt das Natur- und Völkerkundemuseum „Julius Riemer" und die Jugendherberge
6 dreigeschossige, spätgotische Treppenhäuser, in Doppelarkaden zum Hof geöffnet
7 Ratskeller im Treppenhaus
8 Südflügel, auch Elbflügel genannt
9 Südwestturm

Der monumentale Turm der Schlosskirche

Die Schlosskirche

Von dem einstigen Kirchenbau, der in Verbindung mit Luthers mutigem Angriff auf die Ablasspraxis gebracht wird, ist sehr wenig erhalten geblieben. Kirche und Thesentür stammen in ihrer heutigen Gestalt und Ausstattung aus dem 19. Jahrhundert.

Die Baugeschichte reicht freilich viel weiter zurück. Bereits die Askanier begannen, möglicherweise 1338, eine Kapelle innerhalb der Burgmauern zu errichten. Ein Vorgängerbau hatte sich in Pratau, unweit von Wittenberg entfernt, befunden – Erzbischof Otto von Magdeburg erteilte die Genehmigung für die Verlegung der dortigen Einrichtung. Die neue Kapelle unterstand direkt dem römischen Stuhl; den askanischen Herzögen räumte man das Präsentationsrecht für die Kaplan- und Propststellen ein. Herzog Rudolf kümmerte sich um die Ausstattung der Stiftskapelle Allerheiligen und regelte deren Gottesdienstordnung. 1725 will man Fundamente dieser Kapelle in der Mitte der späteren Schlosskirche entdeckt haben. Nach Christoph Scheurl soll sie nicht größer als die Fronleichnamskapelle auf dem Kirchplatz gewesen sein.

Der frühe Bau der Askanier wurde 1496/97 abgetragen, was aber keineswegs die Existenz des Stifts berührte. Kurfürst Friedrich der Weise wünschte für seine Residenzstadt Wittenberg einen neuen, schönen und vor allem repräsentativen Kirchenbau. Konrad Pflüger, einer der meistbeschäftigsten Baumeister der Spätgotik, der sich bereits an den Gewölben der Peter-Paul-Kirche in Görlitz und der Thomaskirche in Leipzig hervorgetan hatte, folgte dem Ruf nach Wittenberg und wirkte federführend bei der Errichtung der neuen Kirche.

Von 1498 bis 1502 wurden die Außenmauern mit Strebepfeilern gemauert und das Dach aufgebracht. Anschließend folgte die sich bis 1507 hinziehende Einwölbung im Inneren, kleinere Arbeiten schlossen sich an. Der Kirchenbau kostete beträchtliche 32 466 Gulden. Das Abbild der Stiftskirche Friedrichs zeigt der Cranach-Holzschnitt aus dem Jahre 1509, der dem Wittenberger Heiltumsbuch entstammt.

Die Ausstattung von Allerheiligen war überaus prachtvoll. Unter den Werken deutscher, niederländischer und italienischer Meister ragte der wahrscheinlich um 1515/20 entstandene Hauptaltar heraus, ein Werk Lucas Cranachs d. Ä., mit der Darstellung der hl. Dreifaltigkeit in der Mitte. Weiterhin soll es 19 Nebenaltäre gegeben haben, darunter zwei von Albrecht Dürer und Mitarbeitern seiner Werkstatt geschaffene Marienaltäre. Einzelne Gemälde und Tafeln daraus wurden 1687 in Dresden registriert. Kopien sollen im Austausch nach Wittenberg gekommen sein, sie verschwanden später im Dunkel der Zeitläufte. Noch heute gibt es viele Zweifel bei der Zuordnung anderswo aufgetauchten Inventars zur ursprünglichen Ausstattung der Schlosskirche Allerheiligen. Einige Stücke blieben erhalten: Peter Vischer d. J. schuf das prächtige Grabmal Friedrichs des Weisen, ein Meisterstück der deutschen Frührenaissance. In gleicher Manier arbeitete Peters Bruder Hans Vischer am Epitaph für Johann den Beständigen, allerdings mit einer einfacheren Formensprache. Die beiden Kurfürsten werden auch in den Alabasterstatuen verkörpert, die von einem unbekannten Meister stammen, wohl aber den Einfluss der Cranach-Schule verraten.

Als Stift Allerheiligen war die Schlosskirche Aufbewahrungsort für die umfangreiche Reliquiensammlung Friedrichs des Weisen. Das Wittenberger Heiltumsbuch war wie ein Katalog der gesammelten Bestände. 5 005 Partikel sind darin genannt, darunter Knochenteile und Zähne von Heiligen, ein aus

Das Innere der Schlosskirche nach Osten

der Kinderschlachtung des Herodes stammender Körper, sogar Milch von der Jungfrau Maria. Dazu gesellten sich Straußeneier, Rhinozeroshörner, zwei Walfischrippen und eine Vielzahl mehr oder weniger kunstvoll ausgeführter Gefäße aus Edelmetall und Glas. Luthers Einfluss ist es zuzuschreiben, dass diese Gegenstände immer seltener ausgestellt und ab 1523 gar nicht mehr öffentlich gezeigt wurden.

Ab 1507 diente die Stifts- und Schlosskirche auch feierlichen Amtshandlungen der neu gegründeten „Leucorea". In dieser Art Universitätsaula fanden desöfteren Disputationen statt: Vor dem Altarraum war ein großes Katheder mit Platz für mehrere Personen aufgestellt; den Doktoren der einzelnen Fakultäten war ein zweites Katheder vorbehalten. Martin Luther promovierte in diesem Festsaal am 19. Oktober 1512 zum Doktor der Theologie; hier hielt auch Philipp Melanchthon sechs Jahre darauf seine vielbeachtete Antrittsvorlesung.

Nachdem die bilderstürmerischen Tumulte die Schlosskirchenausstattung unberührt gelassen hatten – wohl aus Rücksicht auf den Kurfürsten – kamen 1525 einige Figuren und Tafeln abhanden. Ein Vierteljahrhundert später berichtete ein Zeitzeuge, dass das Heiltum, Teppiche, Vorhänge und Lichter entfernt, das Fastentuch nicht mehr gehängt und das Heilige Grab nicht wieder aufgestellt worden seien. Die Reliquiare fanden wohl in der kurfürstlichen Münze eine neue Identität, besonders als man zum Schmalkaldischen Krieg rüstete. 1720 wurden noch 107 Ausstattungsstücke gezählt, die größten zeigt die sehr detaillierte Zeichnung von Michael Adolf Siebenhaar (um 1730), die sich im Bestand des Lutherhauses befindet. Nach dem Bombardement am 13. Oktober 1760 konnten in den rauchenden Trümmern nur noch fünfzehn Stücke geborgen werden. Riemenschneiders großes Kruzifix und die historische Thesentür waren verbrannt.

Jahrelang blieb von der legendären Schlosskirche nur deren Ruine stehen. Ein halbherziger Wiederaufbau vollzog sich ab 1767. Unter dem sächsischen Landbaumeister Christian Friedrich Exner wurde der Saal weiß gekalkt und mit einem Tonnengewölbe überzogen. Ein derber Kanzelaltar im Zopfstil war die einzige Ausschmückung. Der Kirchturm erhielt einen barocken Aufbau und eine Haube. Die verbrannte Thesentür wurde ersetzt. 1770 konnte Allerheiligen neu geweiht werden.

Während der Beschießung in der Nacht zum 28. September 1813 fielen Kirche und vor allem Kirchturm erneut in Schutt und Asche. Doch seitens der preußischen Regierung gab es bald Bemühungen, das Bauwerk wiederherzustellen und es in würdiger Form als Gedenkstätte der Reformationszeit aufzubereiten. Karl Friedrich Schinkel unterbreitete dazu 1815 erste Vorstellungen. Aber es wurden zunächst nur die nötigsten Arbeiten genehmigt.

Die erneute Weihe fand anlässlich der 300-Jahr-Feier der Reformation im Beisein des Preußenkönigs Friedrich Wilhelm III. statt. Der zerstörte Kirchturm blieb als Stumpf stehen. Den Kirchenbau nutzte das Evangelische Predigerseminar, das der König am 1. November 1814 gegründet hatte.

Mit dem gusseisernen Taufbecken von 1832 gelangte dann doch ein Werk Schinkels in die Kirche. Neugotisch ausgeführt, knüpft es an Traditionelles an und offenbart zugleich schöpferischen Wuchs. Am 10. November 1858, dem 375. Geburtstag Luthers, konnte die neue Thesentür feierlich enthüllt werden.

Der immer noch unwürdige Zustand der Wittenberger Schlosskirche fiel dem Kronprinzen Friedrich Wilhelm, dem späteren Kaiser Friedrich III., bei seinem Besuch 1883 auf. Nachdem bereits drei Jahre zuvor Regierungsbaumeister Friedrich Adler damit beauftragt worden war, Pläne für den Neuausbau der Schlosskirche zu liefern, wurde das Vorhaben nun forciert. Die Entwürfe waren vom gründerzeitlichen Drang nach Selbstdarstellung und Präsentation geprägt und beherzigten wenig die einstigen Vorstellungen Schinkels einer einfühlsamen Annäherung an die Reformationszeit.

Am 1. Oktober 1885 wurde mit dem Umbau begonnen. Die Bergung der Orgel und der Abbruch der 1770 eingezogenen Holzdecke sowie der auf viereckigen Pfeilern ruhenden Holzemporen standen als erstes auf dem Plan. Der verbliebene Turmstumpf war gerade noch 33 Meter hoch. Nach Abnahme des alten Gesims wurde er zunächst schlicht aufgemauert und erhielt dann in etwa 50 Meter Höhe monumentalen Schmuck. Ein Mosaikfries verkündet den ersten Vers des Lutherliedes: „Ein' feste Burg ist unser Gott, ein' gute Wehr und Waffen". 72 0000 Mosaiksteinchen von einem Zentimeter Kantenlänge fügen sich zu Buchstaben von 1,75 Meter Höhe zusammen. Darüber führt eine in der warmen Jahreszeit begehbare Sandsteingalerie um den Glockenturm herum. Über der Galerie wölbt sich eine kupferbedeckte Kuppel mit kleinen Erkern. Der oft angestellte Vergleich mit einer Kaiserkrone war ursprünglich nicht beabsichtigt. Die Kuppel trägt einen Laternenaufsatz, geschmückt mit kleinen Ziergiebeln und einer hohen, ebenfalls kupfernen Spitze. Ein vergoldetes Kreuz bildet den oberen Abschluss des insgesamt 88 Meter hohen Schlosskirchenturmes.

Der 31. Oktober 1892, der 375. Jahrestag des Beginns der Reformation, war zum Tag der feierlichen Einweihung gewählt worden. In Anwesenheit Kaiser Wilhelms II. segnete Generalsuperintendent Schultze den Baumeister und „alle, die als Gemeinde an dieses Haus gewiesen sind, sonderlich die künftigen Prediger".

Die Schlosskirche betritt man heute durch das zwischen Thesentür und Kirchturm befindliche Portal. Die Ausgestaltung des Kircheninneren entspricht der Fassung von 1892. Während die alten Umfassungsmauern außen weitgehend unberührt blieben, waren die Änderungen im Inneren einschneidend. Mit der Verlegung der Strebepfeiler nach innen wurde eine hallenähnliche Wirkung erzielt. Auf den Strebepfeilern sitzt ein Netzgewölbe, das in seiner Gestaltung feingliedriger als das ursprüngliche ist. Die äußerst präzise ausgeführten Steinmetzarbeiten vermitteln eine eher kühle und distanzierte Atmosphäre.

In insgesamt vier Ebenen wird das von Wittenberg ausgehende Reformationswerk gewürdigt. Auf Kandelabersäulen, direkt vor den Emporepfeilern, befinden sich die Standbilder bedeutender Männer der Reformationszeit: links Nicolaus von Amsdorf, Urbanus Rhegius, Georg Spalatin, Johannes Bugenhagen und Philipp Melanchthon, rechts Caspar Cruciger, Johann Brenz, Justus Jonas sowie Martin Luther. In den Arkadenzwickeln darüber erinnern 22 Medaillons an große Reformer, wie Jan Hus, an Künstler wie Lucas Cranach d. Ä., Albrecht Dürer und Hans Sachs sowie an Gelehrte wie Calvin und Zwingli als Vertreter der Schweizer Reformation. Die Empore enthält die Wappen von insgesamt 52 Fürstenhäusern und Adelsfamilien, die im Sinne der Reformation gewirkt haben. Die farbigen Malereien der Fenster nehmen die Wappen der reformatorisch gesinnten Städte (insgesamt 128, ursprünglich 198) auf.

Unter der Westempore, unweit des heutigen Eingangs, erhielten die aus dem Franziskanerkloster überführten Gebeine der Askanier eine letzte Ruhestätte. Zwei Grabplatten und ein kleines Relief stammen noch aus dem 14. Jahrhundert. Besonders wertvoll ist die links befindliche Ansicht Rudolfs II. (gest. 1370) mit Gemahlin Elisabeth (gest. 1373).

Die in die Empore geschmackvoll eingepasste Ladegast-Orgel stammt aus dem Jahre 1863 und wurde 1992 bis 1994 nach vorangegangenen Veränderungen restauriert. Eine Aufwärmung der ansonsten

Thesentür an der Schlosskirche

sachlichen Atmosphäre des Kirchenraumes wurde durch das kunstvoll geschaffene Fürstengestühl erreicht. Es ist, ebenso wie die Kanzel und der für Wilhelm II. gefertigte Kaiserstuhl, ein Werk des Wittenberger Bildhauers Wilhelm Lober.

Unmittelbar neben der Predigtkanzel befindet sich, unter einem Sockel mit schlichter Bronzetafel, das Grab Martin Luthers. Der am 18. Februar 1546 in Eisleben verstorbene Reformator wurde vier Tage später in der Schlosskirche zu Wittenberg beigesetzt. Die in die Südwand hinter der Grabstätte eingelassene Gedenkplatte gelangte auf Umwegen dorthin: Kurfürst Moritz nahm das Werk nicht an, weshalb es in der Michaeliskirche zu Jena einen Platz fand. Erst ein Abguss kam 1892 in die neu gestaltete Schlosskirche.

Melanchthons Grab (in der Nähe der Thesentür) entspricht gestalterisch dem Luthers. Rechts neben der Bildplatte Luthers wird des 1521 verstorbenen, letzten katholischen Stiftspropstes Henning Göden gedacht. Er war ein vehementer Verfechter des alten Glaubens. Das Bronzeepitaph mit dem Motiv einer Marienkrönung stammt von Hans Vischer aus Nürnberg.

Beidseitig des Altars befinden sich die großen Bronzeepitaphen für Kurfürst Friedrich den Weisen (links) und für Johann den Beständigen, die wie durch ein Wunder den Kirchenbrand von 1760 überstanden hatten. Künstlerisch gelungener ist das Epitaph des Kurfürsten. Die stehende Figur wird von zwei kannelierten Säulen gerahmt, die einen Rundbogen tragen. Ein weiter Kurmantel mit Hermelinkragen umhüllt Friedrich, das Haupt bedeckt der Kurhut, beide Hände halten ergriffen das Kurschwert. Die Gesichtszüge sind ungewöhnlich fein herausgearbeitet und zeigen die ernste Entschlossenheit des Kurfürsten.

Hinter den Epitaphen zeigen Alabasterstatuen Friedrich den Weisen und Johann den Beständigen lebensgroß in kniender Haltung. Beide Figuren tragen mittelalterliche Rittertracht; die ursprüngliche Farbgebung beabsichtigte allerdings ein lebendigeres Erscheinungsbild. Der neugotische Altaraufsatz in Form eines Sakramentshauses wurde aus französischem Kalkstein gearbeitet und entsprach dem im Kaiserreich vorherrschenden Drang nach repräsentativer Ausschmückung der Wittenberger Schlosskirche.

Thesentür

„Aus Liebe zur Wahrheit und dem Wunsche, sie an den Tag zu bringen, will der ehrwürdige Pater Dr. Martin Luther, der freien Künste und Theologie Magister und derselben ordentlicher Lehrer zu Wittenberg, die folgenden Sätze daselbst verteidigen und darüber disputieren ...". Der „Angriff" (Oskar Thulin) geschah am Vorabend von „Allerheiligen", dem Hauptfesttag der Kirche. Tausende Reliquien waren zu einer eindrucksvollen Ausstellung bereits aufgebaut worden.

Der Überlieferung nach schlug Luther seine Thesen an das „schwarze Brett" der Universität, an die Schlosskirchentür. Hier kündigte man unter anderem Themen an, über die man „disputieren" wollte. Der eigentliche Thesenanschlag wird heute mangels Beweisen in Zweifel gezogen, stattdessen soll der Reformator seine Thesen nur versandt haben.

Wie auch immer, Grundsätzliches formulierte Luther bereits in These 1: „Indem ... Jesus Christus sagte ‚Tut Buße' ... , wollte er, dass das ganze Leben der Glaubenden eine Buße sei." Die Gerechtigkeit vor Gott könne nicht durch menschliche Taten verdient werden, schon gar nicht durch die Entrichtung von Geldbeträgen. „... Wer dem Armen gibt oder dem Bedürftigen leiht", handelt „besser, als wenn er Ablässe kauft" (These 43). Für begangene Sünden müsse der Mensch „wahre Reue" empfinden, nur dann könne er auf „vollständige Vergebung von Strafen und Schuld ..., auch ohne Ablaßbriefe“ hoffen (These 36). Luther griff mit seinen Thesen nicht nur geltendes Kirchenrecht an, sondern ebenso eine nicht unwesentliche Einnahmequelle der katholischen Kirche. Die Parteinahme seines Fürsten und mit ihm anderer Vertreter des Hochadels war dabei durchaus auch von eigenem politischen Kalkül geprägt.

Von der alten „Thesentür“ war 1760 nur das Portal mit seinen spätgotischen Profilen übriggeblieben. An den Stellen, wo sich die Standbilder zweier Heiliger befunden hatten, wurden Statuen aufgestellt, die Kurfürst Friedrich den Weisen und Johann den Beständigen zeigen. In den Zwickeln darunter befinden sich Inschriften-Reste zum Thesenanschlag und zur Zerstörung von 1760. Das Bogenfeld oberhalb der Türflügel füllt ein Bild in sogenannter Lavamalerei. Es zeigt das Kruzifix – links kniet Martin Luther, ein Exemplar der deutschen Bibelausgabe in den Händen, rechts Philipp Melanchthon mit der „Augsburger Konfession“. Der Hintergrund gibt den Blick auf das Stadtbild Wittenbergs frei.

Die bronzenen Türflügel mit dem ehemals vergoldeten Text der 95 Thesen Martin Luthers und mit musizierenden Knaben im oberen Abschluss entstanden nach Zeichnungen Ferdinand von Quasts und Modellen Friedrich Drakes. Die Ausführung erledigte Friedrich Wilhelm Holbein.

Stadtrundgang

Erfolgt die Anreise mit der Bahn oder parkt das Auto in der Nähe vom Lutherhaus empfiehlt es sich, die Stadtbesichtigung an der Luthereiche zu beginnen. Nach kurzem Verweilen hier kann man in das museale Erlebnis Lutherhaus einsteigen. Bei der Fülle des dort gebotenen Stoffes sollte reichlich Zeit (mindestens zwei Stunden) eingeplant werden. Zeitlich weniger aufwendig, aber sehr interessant und anspruchsvoll gestaltet, stellt auch das Melanchthon-Haus ein Muss für den reformationsgeschichtlich interessierten Wittenberg-Besucher dar. Dabei bietet das Verweilen im Garten eine willkommene Möglichkeit zur Entspannung.

Alljährlich „Luthers Hochzeit“

Wer aufmerksam durch die Collegienstraße geht, kann dort manche architektonische Kleinodie entdecken, beispielsweise das Portal und die Giebelgestaltung am Haus Nummer 89. Am Eckhaus Collegienstraße/ Mittelstraße 62 erinnert eine Tafel an die Aufenthalte Gotthold Ephraim Lessings in Wittenberg. 1748 hielt den jungen Mann auf seiner Reise von Leipzig nach Berlin eine Erkrankung fünf Monate in der Stadt fest. Während seines Aufenthalts ließ sich Lessing als Medizin-Student immatrikulieren, befasste sich aber in Wirklichkeit mit Poesie und den schönen Künsten. Drei Jahre später weilte der Dichter erneut in der Elbestadt.

Diesmal hatte er Berlin fluchtartig verlassen müssen. Lessing setzte seine Studien in den Räumen der Universitätsbibliothek fort und erlangte mit seiner Dissertation schließlich die Magisterwürde.

Zwischen Holzmarkt und Markt, vor allem aber in der Jüdenstraße und der Coswiger Straße sprudeln die Stadtbäche (Trajuhnscher Bach und Rischebach) wieder wie im Mittelalter munter als offene Bäche durch die Stadt. Einst wurden die Mühlräder der Kurfürstlichen Amtsmühle am Schlossplatz durch die beiden Bäche angetrieben. Hier waren Brauereien, Gerber und Färber angesiedelt, für die das Bachwasser die Lebensader bildete. Hinter dem Rathaus hielten die Händler in mit Frischwasser gespeisten Becken die auf dem Markt angebotenen Fische aus der Elbe frisch. Die Öffnung der Bachläufe während der jüngsten Altstadtsanierung gibt dem historischen Stadtbild ein Stück Individualität zurück.

Der Weg führt über den Holzmarkt und das für Absatzschuhe wenig geeignete Pflaster des Kirchplatzes, vorbei an der Judengedenkstätte zur Stadtkirche St. Marien, der Predigtkirche Martin Luthers. Wenigstens eine halbe Stunde sollte für ihre Besichtigung veranschlagt werden. Durch die „Schluppe“ geht es anschließend zum Marktplatz. Hier zieht vor allem das prächtige, selbstbewusst gestaltete Renaissance-Rathaus die Blicke an. Die Standbilder der großen Reformatoren Luther und Melanchthon wurden 1821 bzw. 1865 feierlich enthüllt.

Geschichten zur Geschichte der Stadt verraten viele Inschriftentafeln an Bürgerhäusern. Das Gebäude Markt 22 diente einmal als Hotel „Zur Goldenen Weintraube“. Hier wohnte Maxim Gorki, als er in Wittenberg zum Korrekturlesen und zur Drucklegung seines Werkes „Nachtasyl“ weilte, das dort bei Herrose und Ziemsen gedruckt wurde. Gelegenheit zum Verschnaufen findet man im Hof des Cranachhauses in der

Der Marktbrunnen

Schlossstraße 1 mit der ehemaligen Malwerkstatt und einer lebensgroßen Cranach-Bronzeskulptur. Beim anschließenden Besuch der Ausstellung ist vieles über den Buchdruck und über das Wirken der Cranachs in Wittenberg zu erfahren.

Politprominenz von allerhöchstem Rang übernachtete im Gebäude Schlossplatz 3. Sowohl Carl XII. von Schweden als auch Peter der Große besuchten in Wittenberg die historische Lutherstube im Lutherhaus. Den westlichen Abschluss der in Ost-West-Richtung verlaufenden „Bildungs- und Flaniermeile“ (Collegienstraße und Schlossstraße) bildet der 88 Meter hohe Turm der Schlosskirche.

Nach der Besichtigung von Schlosskirche und Thesentür bietet sich das Eintauchen in den grünen Gürtel an, der den Stadtkern umgibt, und sich längs der ehemaligen Festungswälle erstreckt. Im Stadtpark und am Schwanenteich gibt es viele dendrologisch kostbare Gehölze, darunter Platane und Sumpfzypresse. Zu ihnen gesellen sich Ginkgo, Trompetenbaum und Blasenbaum. Über die grüne Fläche zwischen Lutherstraße und Fleischerstraße gelangt man zurück zur Luthereiche, dem Ausgangspunkt der Stadtbesichtigung.

Floratempel (1797/98)

Wörlitzer Parkanlagen

Beliebtestes Ziel in der Umgebung Wittenbergs ist das durch seine Aufnahme in die Weltkulturerbeliste der UNESCO geadelte Wörlitz. Der Weg dorthin führt üblicherweise über die neue Elbbrücke südlich der Lutherstadt. Im Vorort Pratau biegt man rechts ab. Besonders reizvoll ist diese Route mit dem Fahrrad mitten durch die Elbauen.

Die Wörlitzer Anlagen gehören zum Besten, was englische Gartenkunst je hervorgebracht hat. Entsprechend gut besucht ist das insgesamt 112 Hektar große Gelände; ein Ausflug lohnt zu jeder Jahreszeit. 1763 wurde mit der Gestaltung begonnen, die im Wesentlichen um das Jahr 1800 abgeschlossen war. Vor allem Reiseeindrücke, die der junge Fürst Leopold III. Friedrich Franz von Anhalt-Dessau in Italien und England, aber auch in Frankreich, Holland und der Schweiz gesammelt hatte, wurden in baulicher Form festgehalten. Begegnungen mit herausragenden Persönlichkeiten jener Zeit wie mit Winckelmann und Rousseau, Goethe und Lavater sowie mit dem weltumsegelnden Forsters ließen Pläne heranreifen, fast das gesamte gesellschaftliche Leben in Anhalt-Dessau umzugestalten.

Die Wörlitzer Schöpfungen sind künstlerischer Ausdruck und ästhetischer Höhepunkt der durchgeführten Reformen. Der Symbolgehalt von Architektur und Gartenbildern ließ Wörlitz zeitlos aktuell werden. Das klassizistische Schloss – eigentlich Landhaus – ist das bedeutendste Werk des Architekten Friedrich Wilhelm von Erdmannsdorff (1736-1800). Es wurde 1769 bis 1773 erbaut. Nachhaltig beeindruckt noch heute das original erhaltene Interieur. Bedeutende Kunstschätze beherbergen auch das Gotische Haus und der sogenannte „Eisenhart".

Ein ausgedehnter Spaziergang oder eine Fahrt mit der Gondel erschließt dem Besucher die dendrologische Vielfalt der Gärten mit ihren über 500 verschiedenen Baum- und Straucharten. Sommerkonzerte auf dem Wörlitzer See oder in der Kirche St. Petri, Sonderausstellungen und thematische Führungen ergänzen das reichhaltige Erholungs- und Bildungsangebot.

Idylle im Wörlitzer Park

Ausflüge in die Umgebung

Coswig (16 km entfernt)
Ein anderer Weg von Wittenberg nach Wörlitz führt durch das Elbestädtchen Coswig, wo anhaltisches Gebiet erreicht wird. Türme bestimmen das Bild der Stadt. Der höchste gehört zur Kirche St. Nikolai (1215 erbaut), in der sich ein Abendmahlbild von Lucas Cranach d. J. befindet.

Das schmucke Rathaus in der Nachbarschaft der Kirche stammt aus dem späten 15. Jahrhundert, wurde im Nachhinein jedoch stark verändert. Turm und Sonnenuhr sind Zutaten des 20. Jahrhunderts. Vorbei am Renaissance-Schloss, das anhaltischen Fürstinnen als Witwensitz diente, gelangt man zum kilometerlangen uralten Treidelweg und von dort zur Gierfähre, die den Weg ins nun noch sechs Kilometer entfernte Wörlitz ermöglicht.

Oranienbaum (25 km entfernt)
Fünf Kilometer südlich von Wörlitz erreicht man Oranienbaum. Das dortige orangefarbene Schloss, erbaut ab 1683 durch Cornelis Ryckwaert, bildet eine organische Einheit mit dem regelmäßigen Straßensystem der Barockstadt und der auf ovalem Grundriss errichteten Schloss- und Stadtkirche. Die Einheirat der niederländischen Prinzessin Henriette Catharina von Nassau-Oranien, die sich Oranienbaum als Sommersitz ausbauen ließ, brachte nicht nur bedeutende Kunstschätze nach Anhalt-Dessau, sondern auch ein Aufblühen des Ländchens nach den Schrecken des Dreißigjährigen Krieges.

Kemberg (15 km entfernt)
Bei einem Ausflug in die Dübener Heide bietet sich ein Zwischenhalt in Kemberg an. Schon von weitem ist der Turm der Kirche „Unser Lieben Frauen“ zu erkennen. Das filigrane Backsteinbauwerk geht auf Entwürfe von Friedrich August Stüler zurück und ist als Ersatz für einen 1854 eingestürzten Vorgänger errichtet worden. Die Kirche selbst stammt aus der Mitte des 14. Jahrhunderts und zeigt in ihrem Inneren Formen der Gotik, aber auch schon der Renaissance. Ein von Lucas Cranach d. J. 1565 gemalter Flügelaltar wurde 1994 Opfer eines Schwelbrandes.

Bad Schmiedeberg (26 km entfernt)
Mit Bad Schmiedeberg ist das Waldgebiet der Dübener Heide erreicht. Die schmucke Kleinstadt besitzt von ihrem ehemaligen Befestigungsgürtel heute nur noch das Au-Tor, das sich wieder in alter Pracht zeigt. Dominanten im Stadtbild sind die Stadtkirche mit ihrer Ausstattung aus der Zeit nach dem Dreißigjährigen Krieg und das Rathaus von 1570, das nach der Zerstörung 1648 umgebaut wurde. Im Geiste des Jugendstils der Zwanzigerjahre des 20. Jahrhunderts entstand das imposante Kurhaus. Damit wurde eine Tradition gekrönt, die 1878 mit der Einrichtung eines Eisenmoorbades begann und bis heute für Gäste aus nah und fern sorgt.

Reinharz (30 km entfernt)
Von Bad Schmiedeberg aus lohnt ein Abstecher nach Reinharz. Das Wasserschloss ließ Hans von Löser, sächsischer Staatsminister im Dienste Augusts des Starken ab 1696 errichten. Insgesamt 68 Meter hoch ist der auf oktogonalem Grundriss erbaute Turm, in dessen Laterne Löser astronomische Studien betrieb. Die Entlegenheit des Ortes bot immer wieder Anlass zu mystischen Volkserzählungen, beispielsweise von der alten Gräfin, die auf knorrigen Beinen, fackeltragend durch die nächtlichen Schlossgänge irrte.

Pretzsch (26 km entfernt)
Das Geschlecht derer von Löser war ursprünglich in Pretzsch beheimatet. Die kleine Stadt, wenige Kilometer von Bad Schiedeberg entfernt, strahlt eine pittoreske Beschaulichkeit aus, den Abglanz sächsi-

Pagode (1795-97) im englisch-chinesischen Garten von Schloss Oranienbaum

schen Hoflebens, eingebettet in das entlegene Grün der Elbauen. Kurfürstin Christine Eberhardine, von der Untreue ihres Gemahls August des Starken enttäuscht, fand 1721 in den Hallen des 150 Jahre zuvor erbauten, kastellartigen Schlosses ihr Domizil. Matthäus Daniel Pöppelmann und Balthasar Permoser übernahmen die Umgestaltung des Schlosses und der Anlage des einst barock geprägten Parks mit angrenzender Orangerie.

In der 1993 restaurierten Stadtkirche St. Nikolaus, deren Umgestaltung ebenfalls auf Pöppelmann zurückgeht, liegt die „Betsäule von Sachsen" begraben, eine Frau, der das Elbstädtchen seinen Charme verdankt.

Jessen (25 km entfernt)
Mit einer Gierfähre gelangt man von Pretzsch aus an das nördliche Elbufer. Lokalitäten mit dem Namen „Weintraube" erinnern an einst in dieser Gegend verbreitete Rebkulturen, von denen heute nur Spuren geblieben sind, etwa in Kleindröben, deutlicher jedoch in Jessen an der Schwarzen Elster.

Wahrscheinlich Lichtenburger Antonitermönche hatten die günstigen Bedingungen für den Weinbau an den Südhängen zwischen Jessen und Schweinitz erkannt. Im Mittelalter wuchs die Anbaufläche bis auf 1 200 Morgen (300 Hektar). Als nach Gründung des deutschen Zollvereins die Weinpreise drastisch sanken, gingen immer mehr Winzer zum Anbau anderer Obstkulturen über. Heute beträgt die Weinanbaufläche in diesem nördlicher als Meißen und Freyburg gelegenen Gebiet etwa sechs Hektar.

Näheres über den Weinbau in der Region erfährt man bei einem Besuch des Museums Schloss Lichtenburg und im Annaburger Museum.

Fototipps

Die Lage des Stadtkerns längs einer Achse in Ost-West-Richtung macht einige Überlegungen vor dem eigentlichen Fotografieren nötig. Die berühmte Thesentür der Schlosskirche und das Katharinenportal im Lutherhaus befinden sich auf der Nordseite des jeweiligen Gebäudes und sind am besten Ende Juni im rechten Licht zu sehen. Im April, wenn die ersten Knospen springen, sollte man die Gunst der Stunde nutzen, um die Ostgiebel von Lutherhaus und Augusteum einzufangen (Weitwinkel mitnehmen!). Zur Magnolienblüte ist die Ansicht des Lutherhofes von besonderem Reiz.

Lohnende Ausblicke über die Dächer der Stadt und in die Auenlandschaft bietet der Turm der Schlosskirche. Ostwärts wird besonders schön die mittelalterliche Stadtstruktur sichtbar. Coswiger Straße und Schlossstraße nehmen ihren Anfang am Schlossplatz und münden auf dem Markt; zwischen beiden Achsen schmiegen sich eng die Bürgerhäuser aneinander. Von der Turmbrücke der Stadtkirche ergibt sich die entgegengesetzte Sicht: Das Rathaus und die beiden Cranachhäuser im Vordergrund, hinter ihnen bilden Schlosskirche und Schloss den Blickfang.

Die Nachmittagssonne lässt die wichtigsten Bauten am Marktplatz (Rathaus, Denkmale Luthers und Melanchthons, Stadtkirche) als Ensemble wirkungsvoll erscheinen. Obwohl alles tausendfach fotografiert wurde, bietet der Detailreichtum dieses Ensembles der eigenen Kreativität genug Freiraum. Schwierig wird es am Schloss. Die riesige und dabei recht triste Westfassade zwingt geradezu, die angrenzenden Parkanlagen gestalterisch einzubeziehen. Wer auf Akkuratesse bei Architekturfotos besonderen Wert legt, wird hier kaum ohne Shiftobjektiv auskommen.

Der grüne Gürtel um die Stadt bietet jede Menge „stille" Motive. Wer es lebhaft wünscht, sollte im Juni kommen: Alljährlich findet die (nachgespielte) Eheschließung Martin Luthers mit Katharina von Bora statt. Prächtige Gewänder und mittelalterliche Szenen sorgen für farbenfrohe Motive. Aber auch der Töpfermarkt ist es wert, mit der Kamera besucht zu werden.

Zu jeder Jahres- und Tageszeit lohnt das Fotografieren in Wörlitz. Die vier großen Gärten bieten ein ständig wechselndes Bild des Blühens und Grünens. Der zartviolette Blütenteppich der Krokusse in Schochs Garten ist im März der Anziehungspunkt, nicht nur für Fotografen. Es folgen Magnolien, Obstgehölze und Rhododendren. Und gerade wenn Maler Herbst den Pinsel schwingt, ergeben sich in den Wörlitzer Anlagen überaus reizvolle und stimmungsvolle Motive.

In Oranienbaum ist die Parkseite des Schlosses am Nachmittag in Sonnenlicht getaucht. Zeitlich enger begrenzt aber auch nachmittags ist der Lichteinfall zur Pagode hin, die sich in einer Schneise befindet.

Verkehrsverbindungen

Die Lutherstadt Wittenberg erreicht man am schnellsten über die Autobahn A 9 Berlin-München. Von der Ausfahrt Coswig sind es 18 Kilometer bis zum Stadtzentrum. Wer im reizvollen Waldgebiet des Flämings nördlich von Wittenberg übernachten möchte, kann bereits in Rabenstein oder Köselitz die Autobahn verlassen. Die Anreise aus dem Raum Hannover - Braunschweig - Magdeburg geschieht am besten auf der gut ausgebauten B 184 über Gommern - Zerbst - Roßlau - Coswig. Von Dresden aus benutzt man die Route Meißen - Riesa - Torgau (B 6/B 182); für die eilige Fahrt jedoch eher die Autobahn A 14 bis Schkeuditzer Kreuz und weiter auf der A 9. Die Leipziger kommen auf der B 2 über Bad Düben nach 67 Kilometern in Wittenberg an.

Parkmöglichkeiten gibt es vor allem südlich des Altstadtkerns. Von der Stadtumgehung (Dresdener Ring) aus folgt man der Ausschilderung „Innenstadt“. Die meisten Plätze existieren längs der Wallstraße. Sie sind gebührenpflichtig. Bei zeitigem Eintreffen kann man stattdessen am Bahnhof Altstadt und in der nördlichen Innenstadt auch kostenfrei sein Auto abstellen.

Der historische Stadtkern (Schlossstraße/Markt/Collegienstraße) ist eine verkehrsberuhigte Zone und somit für den Durchgangsverkehr gesperrt. Für eine Besichtigung ist das jedoch kein Problem, denn auf etwa 1 000 Metern findet man zwischen Schlosskirche und Lutherhaus alle wichtigen Sehenswürdigkeiten. Busse dürfen, bei vorheriger Buchung einer Stadtführung, Lutherhaus und Schlosskirche direkt anfahren und parken nördlich der Dessauer Straße (B187), kurz bevor man von Westen her die Innenstadt erreicht.

Wittenberg ist Eisenbahnknotenpunkt der Strecken Hamburg - Berlin - München (ICE-Halt) und Magdeburg - Falkenberg. Die Deutsche Bahn bietet Regionalverbindungen mit Leipzig, Halle und Dessau an. Der Bahnhof Lutherstadt Wittenberg befindet sich nur wenige hundert Meter nordöstlich der Luthereiche, sodass die Innenstadt bequem zu Fuß zu erreichen ist. Wer mit der Regionalbahn aus Richtung Dessau - Coswig anreist, kann bereits am Bahnhof Altstadt aussteigen und befindet sich nach wenigen Minuten auf dem Marktplatz.

Insgesamt sechs innerstädtische Buslinien erschließen dem Besucher die Bereiche außerhalb des Zentrums. Mit dem Bus gelangt man auch zu Ausflugszielen der näheren Umgebung, z. B. nach Wörlitz, Oranienbaum, Kemberg, Bad Schmiedeberg, Jessen, Annaburg und Prettin.

Klieken
Lehrpfad
Katschbach
Saaren-
bruch
Alte Elbe
Werder
Buro
Coswig (Anhalt)
St. Nikolai
Krankenhaus
Gewerbe-
gebiet
Fähre
Siedlung
Ratskiefern
Lughaus
Coswiger
Luch
Coswig-Rundwanderweg
Elbe
Landschafts-
schutzgebiet
Wildeberg
Wildeberg-Rundwanderweg
Rosenwiesche
Kliekener Aue-Wanderweg
Fürst-Franz-Weg
Fließgraben
Krägen
Elbe-Radweg R 2
NSG
Krägen-Riß
Riß
Vockerode
Industrie-
denkmal
Rauhes
Wachhaus
Wachhaus
Berting
Wörlitzer
Weltkulturerbe
Wörlitzer Anlagen
Park
Wörlitz
Förster-Wöpke-Weg
NSG
Schönitzer
See
Schönitz
Schönitzer See
Hoppgraben
Alte Ziegelei
Griesen
Drehberg
Mittlere
Elbe
Münsterberg
Biosphärenreservats-
verwaltung "Mittlere Elbe"
Kapenschlösschen
Obstlehrpfad
Kapengraben
Biberfreianlage
Rehsen
Riesigk

Lutherstadt Wittenberg
Braunsdorf
Dobien
Wallberg
Reinsdorf
Teuchel
Trajuhn
Abtsdorf
Euper
Karlsfeld
Sperrgebiet
ehem. Sperrgebiet
in Bau
Sand Kies
Friedrichstadt
Labetz
Wiesigk
Fauler Bach
Elstervorstadt
Mühlanger
Elbe
Kleinwittenberg
Piesteritz
Werkssiedlung Piesteritz
Schmetterlingspark
Volkspark Piesteritz
Hundertwasser-Haus (Gymnasium)
Hbf
Schloßkirche
Rathaus
Stadtkirche
Melanchthon-Haus
Lutherhaus
Brückenkopf
Krähebach
Rischebach
Rischebachweg
Krähebachweg
Hirsebergweg
Woltersdorfer Acht
Europaradweg R 1
Fernradweg R 4
Elberadweg R 2
R 1 / R 4
Maßstab 1 : 50 000
0 500 1000 1500 2000 m
Landschaftsschutzgebiet Mittelelbe
N

Öffnungszeiten • Adressen • Tipps

Information

Wittenberg-Information
Schlossplatz 2
Tel.: (0 34 91) 49 86 10 • Fax: 49 86 11
Email: info@wittenberg-information.de
Internet: www.wittenberg.de
Öffnungszeiten:
Januar und Februar: Mo - Fr 10-16 Uhr, ***März:*** Mo - Fr 10-16, Sa 10-14, So 11-15 Uhr, ***April bis Oktober:*** Mo - Fr 9-18.30, Sa/So 10-16 Uhr, ***November und Dezember:*** Mo - Fr 10-16, Sa 10-14, So 11-15 Uhr

Die Wittenberg-Information bietet ***Führungen durch die historische Altstadt*** an. Sie dauern zwei Stunden, die Besichtigung des Lutherhauses inbegriffen. Die öffentliche Stadtführung ist für Individualtouristen gedacht und beginnt an der Wittenberg-Information, gegenüber der Schlosskirche.
Beginn: Mai bis Oktober täglich 14 Uhr, Sa/So/Feiertage zusätzlich 11 Uhr, Juni bis August zusätzlich Mo bis Fr 9 Uhr
Abendlicher Stadtrundgang (1,5 Stunden)
Beginn: Mai bis Sept. Mo bis Fr 19 Uhr

Neben diesem „Standardprogramm“ gibt es eine Reihe weiterer Führungen, die zu ungewöhnlicher Stunde stattfinden bzw. an außergewöhnliche Orte führen. Eine Vorbestellung in der Wittenberg-Information ist meistens nötig, hier erfährt man auch die Termine. ***Themen*** dieser besonderen Führungen sind unter anderem:
• Erotisches zur Nacht • Mit der Kräuterfee in Melanchthons Garten • „Frauenklatsch aus dem 16. Jahrhundert“ • Pranger, Folter, Mordgeschichten • Es war einmal in Wittenberg
Bei der ***Nachtführung*** begleitet ein Wittenberger Stadtführer im historischen Gewand den Rundgang durch das mittelalterliche Wittenberg bei Fackel- oder Laternenschein. Dabei wird von der Weißen Frau und anderen Spukgeschichten, von Hexen, spektakulären Gerichtsurteilen und Scharfrichtern die Rede sein. Zum Abschluss des Rundgangs bekommen die Besucher einen Gute-Nacht-Trunk gereicht. (Vorbestellung nötig!)
Beginn: 21 Uhr, Dauer ca. 1,5 Stunden
Treffpunkt: Thesentür (Schlosskirche)

Buchhandlung Verbo Solo
Collegienstraße 31
Tel.: (0 34 91) 50 56 06
Email: verbosolo@web.de
Angebot: Stadtführungen (Dauer ca. 2 Stunden)
Die Wittenberger Stadtführerin bringt Ihre Gäste nicht nur zu den Plätzen der Reformation, wie zu Luthers Wohnhaus und zu seiner Predigtkirche, sondern gibt auch Hintergründe und Geschichten über das Leben der Bewohner zum Besten.
Beginn: Mo bis Sa 11 Uhr
Treffpunkt: Buchhandlung Verbo Solo

Sehenswürdigkeiten

Lutherhaus
Collegienstraße 54, ☎ (0 34 91) 4 20 31 18
www.martinluther.de
Öffnungszeiten:
April bis Oktober täglich 9-18 Uhr
November bis März Di-So 10-17 Uhr

Melanchthon-Haus
Collegienstraße 60, ☎ (0 34 91) 40 32 79
www.martinluther.de
Öffnungszeiten:
April bis Oktober täglich 9-18 Uhr
November bis März Di-So 10-17 Uhr

Stadtkirche St. Marien
Jüdenstraße 35, ☎ (0 34 91) 40 44 15

Öffnungszeiten:
Ostern bis Oktober Mo-Sa 10-18 Uhr, So 11.30-18 Uhr, November bis Ostern Mo-Sa 10-16 Uhr, So 11.30-16 Uhr

Schlosskirche Allerheiligen
Schlossplatz, ☎ (0 34 91) 40 25 85
Öffnungszeiten: wie Stadtkirche

Cranachhaus
Markt 4, ☎ (0 34 91) 4 20 19 11
www.cranachstiftung.de
Öffnungszeiten:
Mai bis Oktober Mo-Sa 10-17 Uhr, So 13-17 Uhr, November bis April Di-Sa 10-17 Uhr, So 13-17 Uhr
Führungen nach Anmeldung

Historische Druckerstube (Cranachhof)
Schlossstraße 1, ☎ (0 34 91) 43 28 17
Öffnungszeiten: Mo-Fr 9-12 und 13-17 Uhr, Sa 10-13.30 Uhr und nach Vereinbarung

Christliche Kunst im 20. Jahrhundert
Ausstellung im Alten Rathaus
Markt 26, ☎ (0 34 91) 42 17 20
Öffnungszeiten: Di-So 10-17 Uhr

Museum für Natur- und Völkerkunde „Julius Riemer" (Städtische Sammlungen)
Schlosshof, ☎ (0 34 91) 4 33 49 20
Öffnungszeiten: Di-So 9-17 Uhr

Luther-Melanchthon-Gymnasium
(Hundertwasser-Schule)
Straße der Völkerfreundschaft 130
☎ (0 34 91) 88 11 31
Öffnungszeiten: April bis Oktober Fr 14-17 Uhr, Sa/So 10-17 Uhr, November bis März jeweils bis 16 Uhr (Info-Raum) und nach Vereinbarung; Führungen (innen und außen) werden angeboten.

Werkssiedlung Piesteritz
☎ (0 34 91) 61 47 15
www.wohnen-psg.de

alaris Schmetterlingspark
Rothemarkstr. 131, ☎ (0 34 91) 66 63 80
www.schmetterlingspark-wittenberg.de
Öffnungszeiten: April bis September täglich 9.30-17.30 Uhr, Oktober täglich 9.30 Uhr bis Dämmerungsbeginn

Das Wittenberger Jungfern-Röhrwasser
Das technische Baudenkmal ist nördlich der Alpen das einzige noch funktionierende Röhrwasserleitungssystem des 16. Jahrhunderts.
Besonders schöne Brunnen:
im Hof des Lutherhauses und des Melanchthon-Hauses, in der Collegienstraße 30, 81 und 85, in der Mittelstraße 5, 16 (Altstadthof) und 17, auf dem Holzmarkt und auf dem Markt, im Beyerhof Markt 6, in den Cranachhöfen Markt 4 und Schlossstraße 1, Markt 22, in den Höfen Schlossstraße 4 und 10 (Weberhaus), in der Jüdenstraße 36/37, am Kirchplatz 9 und in der Bürgermeisterstraße 16 (Alte Sternwarte).

Sportangebote

Sport- und Freizeitbad Piesteritz
Möllensdorfer Straße 13 c
Tel.: (0 34 91) 66 99 88 oder 42 13 20

Schwimmhalle Piesteritz
Parkstraße 4
Tel.: (0 34 91) 66 20 31 oder 42 13 20

Strandbad Reinsdorf
Strandbadstraße 9
Tel.: (0 34 91) 66 09 73 oder 42 12 43

Reitsportanlage
des Wittenberger Reitvereins
Johannes-Runge-Weg
Tel.: (0 34 91) 6 50 65

Reitsportanlage Trajuhn
Dorfplatz 12
Tel.: (0 34 91) 44 07 89

Reiterhof Rauschning
OT Braunsdorf, Möllensdorfer Str. 6
Tel.: (0 34 91) 61 33 52

Ferienanlage funny-friesland
06895 Rahnsdorf, Lindenstraße 12/13
Tel.: (03 49 24) 2 25 22
www.funny-friesland.de

Fitness-Center Michael Bertz
Dessauer Str. 13, Tel.: (0 34 91) 61 23 71

Fitness-World
Pfaffengasse 28, Tel.: (0 34 91) 43 26 70

Hypoxi-Figurcentrum Wittenberg
Lutherstraße 32 b, Tel.: (0 34 91) 40 80

Tennisclub Wittenberg
Möllensdorfer Straße 15
Tel.: (0 34 91) 40 02 88

Marineclub Wittenberg
Dresdener Straße 157
Tel.: (0 34 91) 41 49 69

Ruder-Club Wittenberg
Dresdener Straße 160
Tel.: (0 34 91) 40 31 25

Feste und Konzerte

„Maiblumenfest"
Dieses Fest ist dem in Wittenberg traditionell gezüchteten Maiglöckchen gewidmet. Gärtner aus der Region schmücken für ein Wochenende den Marktplatz mit farbenfrohen Frühlingsblumen und Gehölzen.
Anfang/Mitte Mai

„Luthers Hochzeit"
Höhepunkt ist der Historische Festumzug am Samstagnachmittag, der vom Lutherhof über den Markt zum Schlosshof führt. Viele Veranstaltungen in der Altstadt.
Wochenende Anfang Juni

„Wittenberger Töpfermarkt"
Auf dem Marktplatz präsentieren sich, ihre Ware feilbietend, über 80 Töpferwerkstätten. Im Beyer- und im Cranachhof findet ein buntes Markttreiben der Bauern und historischen Vereine statt.
Ende September

„Reformationsfest"
Festgottesdienste, Disputationen, buntes Treiben auf den Höfen.
Ende Oktober

„Wittenberger Weihnachtsmarkt"
Der historische Marktplatz und die gemütlichen Höfe bieten eine wunderschöne Kulisse für den alljährlichen Weihnachtsmarkt.

Orgelmusik
Schlosskirche:
Mai bis Oktober Di 14.30 bis 15 Uhr
Stadtkirche:
Mai bis Oktober Fr 18 bis 18.30 Uhr

Gottesdienste

Evangelische Gottesdienste
Schlosskirche/Stadtkirche: So 10 Uhr
Mittagsandacht/Mittagsgebet
Schlosskirche: Mi 12 bis 12.25 Uhr
Stadtkirche: Di und Do 12 bis 12.25 Uhr

Katholische Gottesdienste
Katholische Kirche St. Marien
Mauerstraße 13
Sa 18.30 Uhr (Vorabendmesse)
So 9 und 10.30 Uhr

Restaurants

Wittenberg besitzt viele Restaurants, Cafés und Szenekneipen. Hier kann nur eine kleine Auswahl erfolgen, die natürlich keine verbindliche Wertung darstellt.
Im einladenden Ambiente des Beyerhofs findet man das „Brauhaus Wittenberg", wo

man zwischen kupfernen Kesseln sitzend dem Braumeister bei der Arbeit zuschauen kann und mit Bierspezialitäten und deftigen einheimischen Gerichten verwöhnt wird. Kräftige Kost in Form von Kartoffelspezialitäten wird im ältesten Gasthaus der Stadt, dem „Schwarzen Baer“ in der Schlossstraße, gereicht. Entspannt lässt es sich im oder vor dem Café am Holzmarkt sitzen – mit Blick auf das bunte Treiben. Im „Klabautermann“ (Dessauer Straße) werden Meeresspezialitäten angeboten.
Wer jedoch die internationale Küche bevorzugt, kommt auch in Wittenberg nicht zu kurz. Französische, italienische, griechische, türkische, asiatische und auch südamerikanische Restaurants laden zum Schmaus ein.

Hotels und Pensionen

Luther-Hotel Wittenberg
Neustraße 7-10, ☎ (0 34 91) 45 80
www.luther-hotel-wittenberg.de
160 Zimmer, Stadtzentrum

Best Western Stadtpalais Wittenberg
Collegienstraße 56/57, ☎ (0 34 91) 42 50
www.stadtpalais.bestwestern.de
78 Zimmer, Stadtzentrum

Acron Hotel
Am Hauptbahnhof 3, ☎ (0 34 91) 4 33 20
www.wittenberg-acron.de
62 Zimmer, Stadtzentrum

Stadthotel Wittenberg „Schwarzer Baer“
Schlossstraße 2
☎ (0 34 91) 4 20 43 44
www.stadthotel-wittenberg.de
17 Zimmer, Stadtzentrum

Hotel „Goldener Adler“
Markt 7, ☎ (0 34 91) 40 41 37
www.goldeneradler-wittenberg.de
17 Zimmer, Stadtzentrum

Hotel „Im Beyerhof“
Brauhaus Wittenberg
Markt 6, www.brauhaus-wittenberg.de
☎ (0 34 91) 43 31 30 und 43 31 32
14 Zimmer, Stadtzentrum

Hotel-Pension „Am Schwanenteich“
Töpferstraße 1, ☎ (0 34 91) 40 28 07
www.wittenberg-schwanenteich.de
11 Zimmer, Stadtzentrum

Alte Canzley
Schlossplatz 3, ☎ (0 34 91) 42 91 90
www.alte-canzley.de
8 Zimmer, Stadtzentrum

Pension „Zur Elbe“
Elbstraße 4 a, ☎ (0 34 91) 41 90 24
www.hotel-ami.de/pension/zur-elbe
7 Zimmer, Stadtzentrum

Gasthaus „Central“
Mittelstraße 20, ☎ (0 34 91) 41 15 72
www.central-wittenberg.de
4 Zimmer, Stadtzentrum

Hotel „Am alten Anker“
Dessauer Straße 286, ☎ (0 34 91) 6 20 00
www.hotel-am-alten-anker.de
21 Zimmer, 500 m bis Stadtzentrum

Art Hotel Wittenberg
Puschkinstraße 15, ☎ (0 34 91) 49 78 29
www.art-hotel.com
16 Zimmer, 500 m bis Stadtzentrum

Alabama
Berliner Straße 57 b
☎ (0 34 91) 4 33 10 und 0177 / 8 66 34 20
www.alabama-wittenberg.de
8 Zimmer, 500 m bis Stadtzentrum

Pension „An der Stadthalle“
Sternstraße 58, ☎ (0 34 91) 40 40 50
www.pension-stadthalle.de
17 Zimmer, 600 m bis Stadtzentrum

Pension „Sternenstädtchen“
Rooseveltstraße 10/11
☎ (0 34 91) 4 20 10 und 41 33 76
www.pension-sternenstaedtchen.de
7 Zimmer, 700 m bis Stadtzentrum

Adventhaus Wittenberg
Gustav-Adolf-Str. 10, ☎ (0 34 91) 40 28 79
www.adventisten.de/wittenberg
4 Zimmer, 1 km bis Stadtzentrum

Pension „Gästehaus Lindemann“
Friedrichstraße 73, ☎ (0 34 91) 40 34 27
www.pension-lindemann.de
8 Zimmer, 1,3 km bis Stadtzentrum

Gästehaus Wolter
Reinsdorfer Weg 77
☎ (0 34 91) 41 25 78
5 Zimmer, 2 km bis Stadtzentrum

Hotel „Piesteritzer Hof“
Karl-Liebknecht-Platz 18/19
☎ (0 34 91) 76 90 60
www.piesteritzer-hof.de
11 Zimmer, 3 km bis Stadtzentrum

Gasthof „Stadt Brandenburg“
Belziger Straße 4, OT Reinsdorf
☎ (0 34 91) 66 72 17 und 66 44 70
10 Zimmer, 3 km bis Stadtzentrum

Pension „Zur Einkehr“
Heinrich-Heine-Straße 15
☎ (03491) 66 20 75, www.hotel-einkehr.de
10 Zimmer, 3 km bis Stadtzentrum

Gästehaus „Elbebogen“
Dessauer Straße 121, ☎ (03491) 68 33 00
10 Zimmer, 3 km bis Stadtzentrum

Hotel & Restaurant „Hohe Mühle“
Wittenberger Straße 10, OT Reinsdorf
☎ (0 34 91) 66 18 11
www.hotel-hohe-muehle.de
9 Zimmer, 3 km bis Stadtzentrum

Festungshotel „Brückenkopf“ (27 Zimmer) und MARINA-CAMP ELBE (100 Stellplätze und 4 Radlerhütten)
Brückenkopf 1, ☎ (0 34 91) 45 40
www.marina-camp-elbe.de
2 km bis Stadtzentrum

Hotel „Klabautermann“
Dessauer Straße 93, ☎ (0 34 91) 66 21 49
7 Zimmer, 3 km bis Stadtzentrum

Hotel Tannenspitze
Mochauer Weg 41, OT Reinsdorf
☎ (0 34 91) 61 31 40
www.hotel-tannenspitze.de
7 Zimmer, 4 km bis Stadtzentrum

Gasthof „Am Mailandsberg“
Berliner Chaussee 45, ☎ (03491) 44 11 05
9 Zimmer, 4 km bis Stadtzentrum

Hotel „Grüne Tanne“
Am Teich 1, OT Braunsdorf
☎ (0 34 91) 62 90
www.gruenetanne.de
40 Zimmer, 6 km bis Stadtzentrum

Pension Rothaar
Hirschsprung 6
☎ (0 34 91) 66 24 97 und 0175/4 21 80 66
4 Zimmer, 6 km bis Stadtzentrum

Jugendherberge
Schlossstraße 14/15, ☎ (0 34 91) 50 52 05
www.jugendherberge.de/jh/wittenberg
40 Zimmer, Stadtzentrum

CVJM Freizeitheim Gloeckner-Stift
Fleischerstraße 17, ☎ (0 34 91) 41 07 07
www.gloecknerstift.de
10 Zimmer, Stadtzentrum

Hotelverzeichnis mit Fotos im Internet: www.wittenberg.de

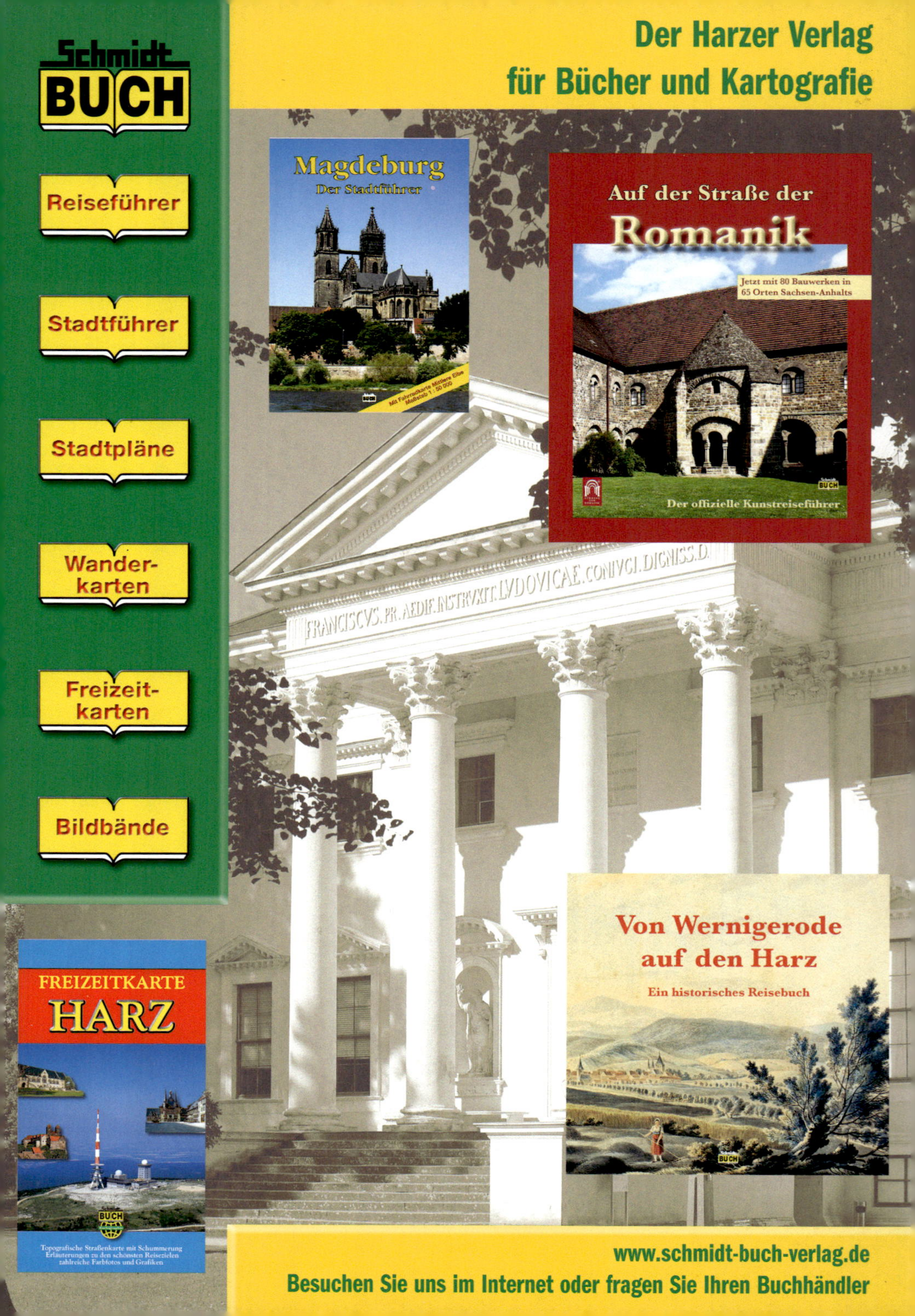

Schmidt BUCH
Reiseführer
Stadtführer
Stadtpläne
Wander-karten
Freizeit-karten
Bildbände
Der Harzer Verlag
für Bücher und Kartografie
Magdeburg
Der Stadtführer
Mit Fahrradkarte Mittlere Elbe Maßstab 1 : 50 000
Auf der Straße der
Romanik
Jetzt mit 80 Bauwerken in 65 Orten Sachsen-Anhalts
Der offizielle Kunstreiseführer
FRANCISCVS. PR. AEDIF. INSTRVXIT. LVDOVICAE. CONIVGI. DIGNISS. D.
FREIZEITKARTE
HARZ
Topografische Straßenkarte mit Schummerung
Erläuterungen zu den schönsten Reisezielen
zahlreiche Farbfotos und Grafiken
Von Wernigerode
auf den Harz
Ein historisches Reisebuch
www.schmidt-buch-verlag.de
Besuchen Sie uns im Internet oder fragen Sie Ihren Buchhändler

Titelbild: Schlosskirche Wittenberg
Foto Seite 2: Marktensemble Rathaus, Stadtkirche und Denkmale
Foto Seite 77: In der Piesteritzer Werkssiedlung

Bibliografische Information Der Deutschen Nationalbibliothek
Die Deutsche Nationalbibliothek verzeichnet diese Publikation in der Deutschen Nationalbibliografie; detaillierte bibliografische Daten sind im Internet über http://dnb.ddb.de abrufbar.

Es fotografierte Thorsten Schmidt

Lektorat: Marion Schmidt

Die Winde 45, 38855 Wernigerode, Tel.: (0 39 43) 2 32 46, Fax: (0 39 43) 4 50 10
info@schmidt-buch-verlag.de, www.schmidt-buch-verlag.de
4. aktualisierte Auflage 2008, 16. - 20. Tsd.
Layout und Bildbearbeitung: Schmidt-Buch-Verlag, Wernigerode
Druck und Weiterverarbeitung: Grafisches Centrum Cuno GmbH & Co. KG

Internet: www.schmidt-buch-verlag.de

ISBN 978-3-928977-42-5

Straßenverzeichnis

Am Hauptbahnhof .... F/G 4/5
Am Stadtgraben .... D 5
An der Lunette .... C/D 1/2
An der Stadthalle .... E 1
Arsenalplatz .... C 3
Bachstraße .... D 2/3
Bahnhofsbrücke .... F/G 4
Bahnstraße .... F 3
Berliner Straße .... B-D 2/3
Breitscheidstraße .... B 2
Bürgermeisterstraße .... C/D 3/4
Bugenhagenstraße .... B 2
Collegienstraße .... D/E 4
Coswiger Straße .... B/C 4
Dessauer Ring .... A/B 4/5
Dessauer Straße .... A 4
Dörffurtstraße .... B/C 1
Dresdener Ring .... A-F 5
Dresdener Straße .... G 5
Elbstraße .... C 4/5
Falkstraße .... E 1-3
Feuergasse .... E 4
Fleischerstraße .... D/E 4
Friedrich-Engels-Straße .... B/C 2
Friedrichstraße .... F 3
Geschwister-Scholl-Straße .... D/E 3
Hafenbrücke .... E 4
Hallesche Straße .... A/B 4/5
Hans-Sachs-Straße .... B 2
Heubnerstraße .... E/F 3
Johann-Friedrich-Böttger-Str. ... C 1/2
Judenstraße .... C/D 4
Juristenstraße .... C 3/4
Katharinenstraße .... F 2
Kirchplatz .... C 4
Klosterstraße .... C 3
Kreuzstraße .... G 1
Kupferstraße .... E 4
Kurze Straße .... F 1
Lucas-Cranach-Straße .... A 3
Lutherstraße .... C-E 2-4
Markt .... C 4
Marstallstraße .... B/C 3/4
Mauerstraße .... C/D 3
Melanchthonstraße .... B 2
Mittelstraße .... D/E 4
Neustraße .... D 3/4
Paul-Gerhardt-Straße .... F 3
Pfaffengasse .... B/C 3
Potsdamer Ring .... G 4/5
Puschkinstraße .... A 3
Querstraße .... F 1
Scharrenstraße .... C 3
Schlossplatz .... B 4
Schlossstraße .... B/C 4
Sternstraße .... E 1-4
Thomas-Müntzer-Straße .... D-F 2
Töpferstraße .... D 3/4
Wallstraße .... B-E 4/5
Weserstraße .... D/E 5
Wichernstraße .... D-F 2
Wilhelm-Weber-Straße .... E 4
Zeppelinstraße .... D 1
Zimmermannstraße .... D/E 2